Lisbeth Nemandi

Grimoire
de pratique

365 jours pour développer
ses capacités magiques
et créatives

2022
Éditions Danaé

À propos de l'auteure

Lisbeth Nemandi est une sorcière explorant depuis 2014 l'occulte, l'ensemble des arts et cultures touchant aux secrets de la Nature, ce qui est non visible. Après avoir pratiqué seule durant trois ans, elle décide d'ouvrir un blog afin d'échanger avec d'autres pratiquants et d'aller encore plus loin. Ne se reposant jamais sur ses acquis, Lisbeth est en perpétuelle recherche : tout doit être testé et éprouvé.

En 2021, elle ouvre une école de sorcellerie en ligne appelée Trisklann, où elle rassemble ses élèves en trois maisons pour créer un lieu d'entraide, de réflexion et d'exploration spirituelle.

Carnet personnel

Ce carnet appartient à

....

Si jamais vous le trouvez égaré,
n'hésitez pas à lui faire
retrouver le chemin de la maison
en téléphonant au

....

ou en l'envoyant à l'adresse suivante

....

....

....

....

Vous n'êtes pas obligé d'inscrire votre adresse personnelle, cela peut être l'adresse de votre boutique ésotérique ou votre café préféré :)

MERCI !

Éditions Danaé
10, rue de Vidailhan
31130 BALMA

www.editions-danae.com

Retrouvez-nous sur les réseaux sociaux

Facebook	**@editionsdanae**
Twitter	**@AllianceMagique**
Instagram	**@editionsdanae**

Crédits

Couverture et graphisme : Lisbeth Nemandi
Correction de maquette : Emmà Landi
Correction : Emmà Landi et Éloïse Rusch

Un label du groupe Alliance Magique
ISBN : 978-2-38062-008-5
Dépôt légal : 3e trimestre 2021

Impression & reliure SEPEC - France

Numéro d'impression : 20954210632

IMPRIM'VERT®

Avant-propos

C'est une émotion incroyable que de terminer ce grimoire de pratique. Mon obsession du nombre trois me pousse toujours à me dire qu'une fois que j'ai réalisé quelque chose trois fois, alors c'est terminé. Pourtant, vous tenez entre vos mains mon quatrième agenda, devenu grimoire. Ce que j'aimerais vous insufler, avec celui-ci, c'est la force de ne pas laisser vos croyances devenir des limites. Les croyances peuvent nous permettre d'accomplir de grandes choses, de déployer des capacités que l'on n'imaginait même pas. L'année précédente, j'ai pu constater à quel point elles peuvent nous entraver aussi. « Mon thème astral implique des relations amoureuses compliquées, alors je finirai seul·e avec un gang de chats. » « Dans une vie antérieure, j'ai agi de telle manière, alors dans celle-ci je serai privée de telle chose. »

J'aimerais souligner que les croyances sont complexes, multiples. Peut-être qu'après tout, la réincarnation n'existe pas. Parmi les personnes croyant à la réincarnation, certaines pensent que l'on se réincarne seulement en humain, d'autres qu'on peut le faire aussi en plantes et animaux. Il existe aussi des croyances où il y a une vie après la mort, mais où il n'y a pas de réincarnation dans notre monde, cela peut être dans d'autres univers ou sur d'autres planètes. Nous avons des croyances dominantes, mais aucune n'est prouvée. Gardez votre esprit critique et votre liberté, toujours.

La spiritualité implique aussi la notion de responsabilité, c'est un travail intérieur et personnel pour un cheminement collectif. En 2021, j'ai dépassé plusieurs de mes croyances limitantes, mais je n'y suis pas arrivée seule. Apprendre à faire confiance, demander de l'aide, investir en soi, c'est une étape qui, une fois franchie, vous transforme. La communauté est une clé incroyable pour y arriver.

J'en profite pour remercier Laura qui a été d'une grande aide pour cet agenda concernant les dates et horaires qui sont ma bête noire. Vae, ma lumière quand les ombres grandissent. Sylvie pour toutes les leçons qu'elle m'enseigne sans même le savoir. À mon compagnon qui est un soutien sans faille, mais qui n'hésite pas à m'aider dans mes réflexions. À vous, qui rendez mes projets possibles et qui me prouvez chaque jour que rien n'est impossible.

Lisbeth Nemandi

Grimoire de pratique, mode d'emploi

Il y aura sans doute dans ce grimoire des pages qui seront raturées et imparfaites, mais elles méritent tout de même votre gentillesse pour les trésors qu'elles contiendront. Il n'y a pas de pression, le plus important est de s'amuser et de trouver une manière détournée de pratiquer. Ne prenez pas non plus tous mes propos pour parole d'évangile : testez, faites des recherches. C'est comme cela que vous aiguiserez vos préférences, vos centres d'intérêt, sans compter que je ne suis qu'un être humain qui peut se tromper malgré les recherches, notamment à cause de la fatigue et des troubles de l'attention !

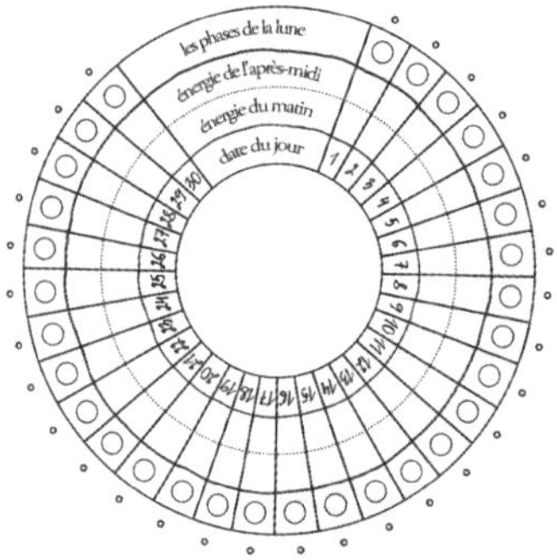

Passons à la partie bullet journal : vous trouverez des pages marquées de pointillés, elles sont des espaces de libre expression. D'ailleurs, vous trouverez en fin d'agenda un espace de test pour vos couleurs et crayons ! En début de chaque mois se trouve un traqueur d'humeur que vous pourrez colorer pour composer une mosaïque de couleurs et d'émotions en accord avec la lune. Lors de nos aventures avec l'*Agenda* de 2019, une sorcière rusée m'a expliqué qu'elle n'avait que rarement tous ses crayons avec elle et qu'elle avait opté pour des chiffres au crayon de papier, qu'elle remplaçait en fin de mois par les couleurs. J'ai tout de suite piqué l'idée, c'est tellement pratique ! En 2020, je n'avais plus autant besoin de la roue de pratique que lors de mes débuts (oui, j'estime qu'après sept ans de pratique, je débute toujours !), si bien que j'ai remplacé les humeurs par un traqueur de méditation et prière sur lequel je raturais les mots de la journée renvoyant aux deux activités réalisées. N'hésitez pas à détourner les outils du grimoire à votre sauce.

Je vous rappelle que ce grimoire a été pensé pour la pratique et non comme un agenda du quotidien moldu. Il est réservé à votre pratique spirituelle, que cela soit la sorcellerie, le yoga, l'alchimie, la divination, l'étude du tarot, la recherche de paix intérieure ou changer le monde ! Il est pensé comme un journal de bord pour concentrer vos notes et ne rien oublier.

LES CLÉS ORIGINALES DE RYDER CARROLL

Les bullets	Les indicateurs
• tâche	! à ne pas oublier
× tâche terminée	ø à explorer
> tâche déplacée	* prioritaire
< tâche replanifiée	
o événement	
_ note	

Mais revenons à la structure du bullet journal. Normalement, on commence un bullet journal avec les clés, qui sont des indicateurs visuels de l'avancement de vos tâches (créées par Ryder Carroll), mais vous pouvez réaliser votre propre système. Personnellement, c'est la méthode Alastair (qui me fait toujours penser à Aleister Crowley, un excellent moyen de m'en souvenir) que je préfère, je la trouve plus souple et adaptée à mon organisation.

Ensuite, vient le sommaire (que je vous propose d'écrire vous-même sur les pages dédiées), qui regroupe toutes les pages du bullet journal. J'aurais pu vous le remplir directement, mais cela reviendrait à vous limiter dans les possibilités. J'ai donc choisi de vous laisser libre de découper, ajouter ou arracher une page de ce journal. C'est d'ailleurs pour cela que les pages ne sont pas numérotées ! Je dois voir la réalité en face : je n'arrive pas à vous produire du contenu sur la chaîne en plus d'écrire le prochain grimoire, c'est pourquoi je vous proposais l'année dernière un challenge par semaine dans le groupe Facebook consacré à l'agenda. Vous retrouverez ces challenges cette année dans le nouveau groupe : « La communauthé du grimoire de pratique 2022 », où je vous attends avec joie. Vous y verrez de superbes pages soignées, mais ne vous comparez pas, chacun utilise le grimoire à sa façon. Le mien est un fouilli de crayon papier et de stylo bic, raturé et sans couleurs. Pourtant, il m'est très précieux ainsi !

Pour commencer, je vous propose une première activité : rencontrer votre grimoire et le lier à vous.

GRIMOIRE, QUI ES-TU ?

Je me suis rendu compte au fil de mes rencontres avec vous que tous vos grimoires (anciennement agendas) se transforment à votre contact, comme si je regardais avec joie grandir au loin mes enfants (de papier certes, mais que voulez-vous, je suis une sentimentale et une animiste). Il est vrai qu'il est toujours curieux pour moi de voir mes créations à peine nées rejoindre leur compagnon pour l'année, mais c'est aussi beaucoup de joie. J'ai l'impression de donner la vie et que le lendemain, l'on m'annonce un mariage ou un voyage universitaire à l'autre bout du monde !

Pour comprendre votre grimoire et la relation que vous allez avoir, je vous propose de laisser aller votre intuition, pour vous aider dans ce premier contact qui peut être intimidant. N'oubliez pas : que ce grimoire soit un outil que vous prenez seulement pour lire, un compagnon de prise de notes ou une œuvre d'art, la façon dont vous l'utilisez est la bonne.

INTRODUCTION EXPRESS

Les sigils sont rapides et faciles à apprendre, nous n'avons besoin de rien de plus qu'un crayon et une feuille pour débuter. Je vous conseille le livre *Sceaux et Talismans* de Soror D.S & Spartakus Freeman. Les sigils sont une intention magique concentrés en un glyphe, un dessin ou un son. Normalement, on le crée puis on l'oublie, pour qu'il infuse dans l'ombre, mais faites comme bon vous semble.

SIGIL DE CONNEXION

Ce grimoire de pratique a pour thème les plantes et le self-care, j'aimerais donc mélanger ces sujets ici. Je vous préviens, c'est aussi chouette que salissant à faire, je vous conseille donc d'aller dehors ! Prenez des herbes fraîches que l'on peut aussi utiliser en infusion (sauge, romarin, lavande, menthe...), faites un bouquet grossier et gardez quelques feuilles pour faire deux tasses d'infusion.

Buvez-en une et ajoutez de l'encre ou de la peinture dans l'autre tasse. Il faut que cela soit assez concentré pour créer des traces sur la page à côté. Votre bouquet à la main, dites « Grimoire, montre-moi qui tu es ». Trempez votre bouquet dans l'infusion colorée, essorez rapidement, puis utilisez-le comme un pinceau. Laissez sécher, puis soulignez des formes dans votre grimoire avec un stylo. Pas besoin que cela soit clair ou ressemble à quelque chose, méditez dessus pour le comprendre.

SOMMAIRE

Revenir aux bases

Quelques façons de penser en magie

Voici quelques exemples de « doctrines » en sorcellerie. Elles sont là à titre indicatif, car la chose la plus importante en sorcellerie, selon moi, c'est de s'écouter et de faire ce qui nous parle et nous ressemble.

Les douze aspirations de la sorcière

Se connaître

Connaître son art

Apprendre

Appliquer son savoir avec sagesse

Atteindre l'équilibre

Contrôler ses paroles

Contrôler ses pensées

Célébrer la vie

S'harmoniser aux cycles de la terre

Respirer et manger sainement

Exercer le corps

Méditer

I. Moins on en voit, plus on en fait.

II. Cherchez la vérité dans le cœur des cœurs.

III. Un mensonge brûle à la fois le menteur
et celui qui écoute en silence.

IV. Soyez vrai envers la responsabilité
de l'équilibre.

V. Le silence et la magie, les deux sont nécessaires.

L'éthique du dragon

VI. Honorer les ainés, puisqu'ils portent
des connaissances anciennes importantes.

VII. Le mal ne donne pas d'avertissement
et ne fait pas de pause pour le soulagement.

VIII. La dignité parle bien d'un messager.

IX. Vous colorez votre propre lumière.

X. Ce qui impacte une pierre se reflète sur toutes les autres.

Les quatre lois
de la sorcellerie

SAVOIR

Celui qui utilise la magie sans avoir bien étudié la situation et sans bien comprendre ce qu'il fait risque fort d'échouer.

VOULOIR

La magie/sorcellerie ne vient pas en un claquement de doigts, donnez-vous le temps qu'il faut, votre volonté payera et vous donnera de nombreux fruits.

OSER

Croyez en vous. Vous êtes capable de tout, alors lancez-vous ! C'est en retroussant vos manches et en enfonçant vos orteils dans la terre que vous en apprendrez le plus sur vous.

SE TAIRE

Dévoiler sa magie à ceux qui n'y croient pas ou souhaitent qu'elle échoue peut la saboter. Le secret est souvent la meilleure des protections, et les sorciers doivent choisir avec soin leurs confidents. Cette règle est souvent la plus difficile à respecter !

Ouvrir votre cercle de pratique

Que vous pratiquiez la sorcellerie au sens large ou que vous apparteniez à une branche précise, il y a de grandes chances que vous entendiez parler de cercle que nous ouvrons et que nous fermons. Pour beaucoup, il fait partie intégrante de la pratique de la magie, car en général nous devons ouvrir un cercle avant toute activité magique. Mais à quoi sert-il ? Tracer un cercle permet de créer une barrière invisible d'énergie qui empêche les énergies négatives de pénétrer dans votre espace magique. De plus, il agit comme une serre : il conserve et amplifie les énergies positives que vous invitez à vos côtés à l'intérieur du cercle, que cela soit ceux de mages, d'éléments ou de divinités. Et puis, personnellement, je trouve que c'est une bonne façon de se préparer pour le rituel, cela aide à créer une atmosphère magique. Notons cependant qu'il existe des endroits « naturels » plus propices à la magie qui ne nécessitent peut-être pas de cercle magique, mais il en existe aussi des dangereux… Donc soyez prudents et, en cas de doute, tracez votre cercle ! Vous trouverez dans les pages suivantes des idées d'associations et les points cardinaux qui y sont généralement associés.

MATÉRIEL

- une représentation de l'élément Terre
- une représentation de l'élément Air
- une représentation de l'élément Eau
- une représentation de l'élément Feu
- une baguette ou athamé (ou encore l'index de votre main, si vous préférez)
- une boussole ou application pour savoir où se trouvent les points cardinaux
- vous pouvez prendre une corde, des herbes fraîches, des petites bougies (attention à ne pas enflammer la maison !) ou des cristaux pour délimiter votre cercle de façon plus physique
- N'oubliez pas de prendre le matériel dont vous aurez besoin pour le travail magique que vous voudrez faire dans le cercle !

OUVRIR UN CERCLE

Personnellement, je commence toujours par nettoyer physiquement la pièce dans laquelle je pratique, s'il le faut avec du sel noir de sorcière. Ensuite, je fais un ménage au niveau des énergies avec mon balai, de la musique et parfois de l'encens. Vous pouvez aussi chanter/jouer d'un instrument ou encore, comme je le fais parfois pour purifier une pièce, dessiner des sigils avec des bâtons d'encens ou votre baguette. J'ai tendance à être tête en l'air, alors je rassemble tout ce dont j'ai besoin pour mon rituel, l'installe au niveau de l'espace de travail que j'ai prévu et je vérifie que tout est bien là. J'éteins mon téléphone et m'éloigne de toute distraction possible, me lave et prends une tenue propre avec des couleurs neutres ou qui correspondent à ce que je veux travailler. Enfin, je finis par une courte méditation et c'est parti pour l'ouverture du cercle !

Si c'est la première fois que vous ouvrez un cercle (ou qu'il s'agit d'un nouveau lieu), n'hésitez pas à sortir une boussole pour repérer les points cardinaux. Une fois que c'est fait, visualisez la taille de votre cercle, en sachant qu'en réalité, plus qu'un cercle, vous allez créer une bulle. Et n'oubliez pas que vous allez vous tenir debout dans cette bulle, donc n'en faites pas une de 1 m de diamètre si vous faites 1,70 m ou si vous allez devoir bouger dedans.

NOTE

Si vous habitez en appartement, sachez que votre cercle va traverser les murs et que cela peut créer des interférences avec les personnes vivant autour de chez vous… mais aussi faire aboyer le chien du voisin !

Prenez quelques instants pour vous concentrer sur ce que vous vous apprêtez à faire. Prenez conscience de l'environnement qui vous entoure en vous visualisant en train de déposer les représentations que vous avez choisies pour chaque élément, sur le tracé de votre cercle et à l'endroit correspondant à chaque point cardinal. Lorsque vous vous sentez prêt, commencez par le nord.

Note : je ne vous partage pas d'invocations toutes faites, car les miennes sont très personnelles (petit instant de pudeur, que voulez-vous) et il y a assez de livres et blogs qui en proposent pour que vous en trouviez qui vous parlent.

INVOCATION DU NORD

Debout à l'intérieur du futur cercle, je me place face au nord (si vous avez une baguette ou un athamé que vous souhaitez utiliser, c'est le moment de le sortir) et je prononce mon invocation. Je dépose ensuite ma représentation de l'élément Terre, avant de visualiser la matérialisation de l'élément. Si vous souhaitez matérialiser le cercle par une corde, des cristaux, herbes fraîches ou autre, prenez-en un peu et éparpillez-les jusqu'au point est, sinon tracez un trait avec votre athamé ou votre baguette.

INVOCATION DE L'EST

Ensuite, je me place face à l'est et je récite mon invocation, avant de déposer ma représentation de l'Air, en utilisant la visualisation pour l'apparition de l'élément.

Continuez de tracer votre cercle jusqu'au point sud.

INVOCATION DU SUD

Face au sud, j'invoque l'élément Feu en déposant la représentation choisie. Je visualise l'apparition de l'élément (d'ailleurs, je dis « élément », mais cela peut tout aussi bien être un mage, un animal ou autre, en fonction de votre ressenti). Continuez le tracé de votre cercle jusqu'au point ouest.

INVOCATION DE L'OUEST

Vous l'aurez compris, sans surprise, je me tourne vers l'ouest et j'invoque l'élément Eau de la même façon que les autres, avant de fermer le cercle en finissant le tracé jusqu'au nord.

CONSOLIDATION DU CERCLE

Ce n'est pas fini ! Placez-vous au centre du cercle, en visualisant tous les éléments que vous venez d'inviter. Restez concentré et consolidez votre cercle en visualisant une barrière qui monte et se ferme au-dessus de votre tête de façon à former une bulle. Cette bulle devra être mentalement construite pour être aussi imperméable qu'impénétrable. Pour information, certaines personnes la visualisent comme un dôme de couleur et d'autres comme un pilier montant de manière infinie vers le ciel. Comme pour l'ensemble de ce rituel, vous avez le champ libre en ce qui concerne la manière dont vous vous la représentez.

Je récite une dernière invocation/bénédiction en parlant à la divinité ou entité qui m'accompagne dans mes travaux magiques. L'ouverture de votre cercle magique est ensuite terminée et il est temps de passer à votre rituel.

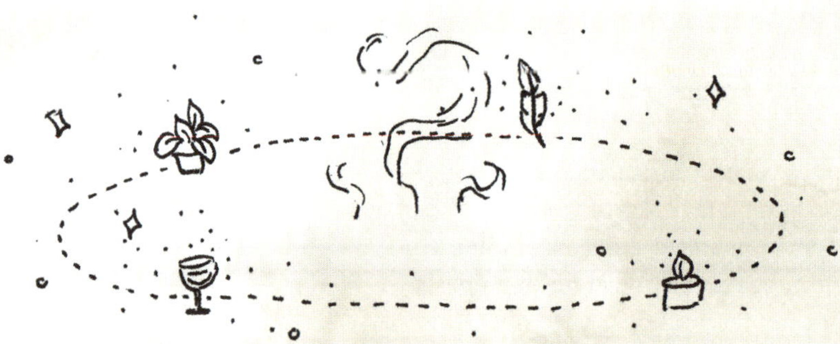

NOTES ET COMMENTAIRES

Il n'est habituellement pas conseillé qu'une entité extérieure (personne, animal ou objet) pénètre dans le cercle une fois que ce dernier a été créé. De la même manière, il n'est pas conseillé d'en sortir. Mais la vie étant ce qu'elle est, il vous arrivera certainement, un beau jour, de devoir enfreindre cette règle. Pour ce faire, il vous est possible de trancher une porte à travers le cercle magique en utilisant votre athamé ou un autre outil magique, de préférence tranchant. Visualisez ainsi une mince ouverture vous permettant de sortir rapidement du cercle. Une fois sorti, consolidez cette ouverture. Répétez la même procédure pour retourner dans le cercle, comme vous le feriez pour refermer votre tente de camping.

Il m'arrive parfois de manquer de concentration et de ne pas sentir la présence de l'élément invoqué. Quand c'est comme ça, je ne dépose pas la représentation, je procède à l'invocation une seconde fois. Si, toutefois, l'élément ne se manifeste toujours pas, je cesse mon rituel et prends cela comme un message : ce n'est pas le bon moment.

Certains rituels d'ouverture de cercle commencent par l'est plutôt que le nord. Si vous êtes plus à l'aise et que cela fait plus sens pour vous, n'hésitez pas à adopter cette manière de faire.

Fermer votre cercle de pratique

Comme tout n'est que dualité, il va sans dire qu'un cercle magique, après avoir été créé, doit être dissous. Alors que l'ouverture d'un cercle magique vise l'agglomération et la concentration des énergies, la fermeture du cercle vise quant à elle à dissiper ces énergies tout en remerciant les différentes entités qui vous ont prêté leur pouvoir au cours du rituel. C'est une façon de rééquilibrer notre environnement : s'il est trop fort en énergie, cela peut occasionner autant de problèmes qu'un environnement qui n'en contient presque pas. Ne pas fermer le cercle serait, pour moi, une certaine forme d'irrespect, comme si quelqu'un vous appelait pour un service et vous laissait sur le pas de la porte sans un au revoir ou un merci.

REMERCIER L'OUEST

Cette fois-ci, je pars dans le sens inverse en commençant par l'ouest. Je remercie l'élément Eau et le visualise en train de partir, s'évaporer ou autre en fonction de ce que vous avez invoqué. Je ramène de quelques centimètres vers moi la représentation de l'élément Eau, mais je laisse la délimitation du cercle physique.

REMERCIER LE SUD

Je poursuis avec l'élément Feu situé au sud, en le remerciant lui aussi et en décalant une fois de plus la représentation de l'élément. C'est ma façon de représenter la baisse de concentration d'énergie du cercle. Gardez la délimitation du cercle physique.

REMERCIER L'EST

Répétez le même schéma avec l'élément Air situé à l'est : remerciez-le et laissez-le partir. Gardez la délimitation du cercle, que cela soit par la visualisation ou la présence d'éléments permettant de ne pas dilapider l'énergie qui a été accumulée durant le rituel.

REMERCIER LE NORD

Terminez par le nord, qui est pour moi l'élément Terre.

BANNISSEMENT DU CERCLE

Pour terminer, vous pouvez prendre votre athamé, baguette ou main et, en commençant par l'ouest, tracer un cercle dans le sens contraire des aiguilles d'une montre. Au fur et à mesure que vous effacez le cercle, imaginez et visualisez que l'énergie du cercle est progressivement aspirée dans votre outil magique. Si vous avez tracé un cercle physique, posez votre outil magique sur chaque élément ou entre les différents points cardinaux. Continuez la rotation antihoraire jusqu'à retourner à l'ouest. Placez-vous ensuite au centre de ce qui était votre cercle magique, et prononcez une incantation ayant pour but de dissiper les énergies restantes et de vous reconnecter à la Terre.

Je finis par un coup de balai de sorcière et une méditation lorsque je range mon matériel.

Louis Perrey

Travaux et phases de la lune

Au fil des années, j'ai commencé à ressentir les influences de la lune de façon consciente, alors qu'avant j'avais juste l'impression de m'être fait écraser par un train à pleine vitesse durant les pleines lunes, ou encore d'avoir l'énergie d'une troupe d'ados déchainés à la nouvelle lune. Voici mon interprétation des différentes phases de la lune. Peut-être que votre perception sera différente, n'hésitez pas à prendre des notes en fonction de votre ressenti.

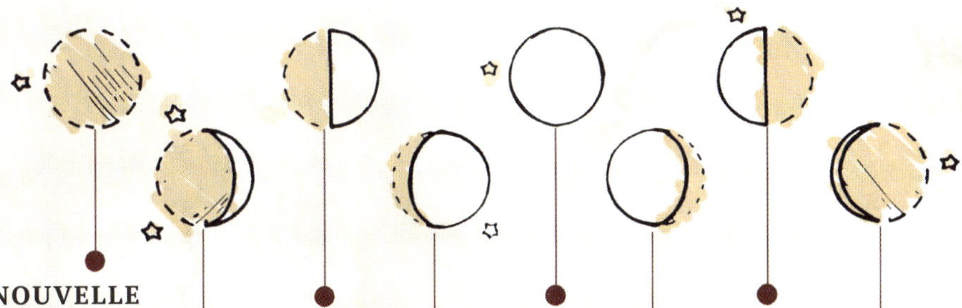

NOUVELLE LUNE
Divination
Malédictions
Bannissement
Renouveau
Moi profond

PREMIER CROISSANT
Attraction
Chance
Amitié
Succès
Richesse

PREMIER QUARTIER
Créativité
Divination
Motivation
Force/Volonté
Concentration

GIBBEUSE CROISSANTE
Santé
Attraction
Succès
Motivation

PLEINE LUNE
Guérison
Purification
Croissance
Amour
Équilibre

GIBBEUSE DÉCROISSANTE
Abandon
Bannissement
Purification
Conjurer
Défaire

DERNIER QUARTIER
Rompre une habitude
Abandon
Bannissement
Briser

DERNIER CROISSANT
Équilibre
Succès
Sagesse
Pardon
Guérison

Différents noms des pleines lunes

MOIS	NÉOPAÏENS	ANGLAIS MÉDIÉVAL	COLONIES AMÉRICAINES
Janvier	Lune des Glaces	Lune de Loup	Lune d'Hiver
Février	Lune des Neiges	Lune des Tempêtes	Lune du Trappeur
Mars	Lune de la Mort	Lune chaste	Lune du Poisson
Avril	Lune de l'Éveil	Lune des Semances	Lune du Planteur
Mai	Lune des Herbes	Lune du Lièvre	Lune du Lait
Juin	Lune des Plantations	Lune de Diane	Lune rose
Juillet	Lune rose	Lune de l'Hydromel	Lune de l'Été
Août	Lune lumineuse	Lune de Maïs	Lune du Jour du Chien
Septembre	Lune des Récoltes	Lune de l'Orge	Lune des Récoltes
Octobre	Lune de Sang	Lune de Sang	Lune du Chasseur
Novembre	Lune des Arbres morts	Lune des Neiges	Lune du Castor
Décembre	Lune des Longues Nuits	Lune du Chêne	Lune de Noël

DAKOTAH SIOUX	CHEROKEE	CHOCTAW	CHINE
Lune du Terrible	Lune froide	Lune de la Cuisine	Lune du Congé
Lune du Raton Laveur	Lune maigre	Lune de la Petite Famine	Lune des Bourgeons
Lune de la Neige brillante	Lune venteuse	Lune de la Grande Famine	Lune du Sommeil
Lune du Retour des Oies	Lune des Fleurs	Lune du Chat sauvage	Lune de la Pivoine
Lune des Feuilles vertes	Lune des Plantations	Lune de la Panthère	Lune du Dragon
Lune des Baies mûres	Lune du Grain vert	Lune venteuse	Lune du Lotus
Lune du Milieu d'été	Lune du Grain mûr	Lune de la Grue	Lune du Fantôme affamé
Lune où tout est mûr	Lune des Légumes	Lune de la Femme	Lune des Récoltes
Lune où les veaux grandissent	Lune des Noisettes	Lune de la Mûre	Lune des Chrysanthèmes
Lune où la broderie s'achève	Lune des Récoltes	Lune de la Groseille	Lune sympathique
Lune où les cornes se brisent	Lune du Commerce	Lune du Laurier	Lune blanche
Douzième lune	Lune des Neiges	Lune de la Pêche	Lune amère

Calendrier lunaire 2022

La lune est une incroyable alliée… quand on sait l'écouter et danser à son rythme. Si on va à contre-courant, elle risque de bien vous marcher sur les pieds et vous allez le sentir !

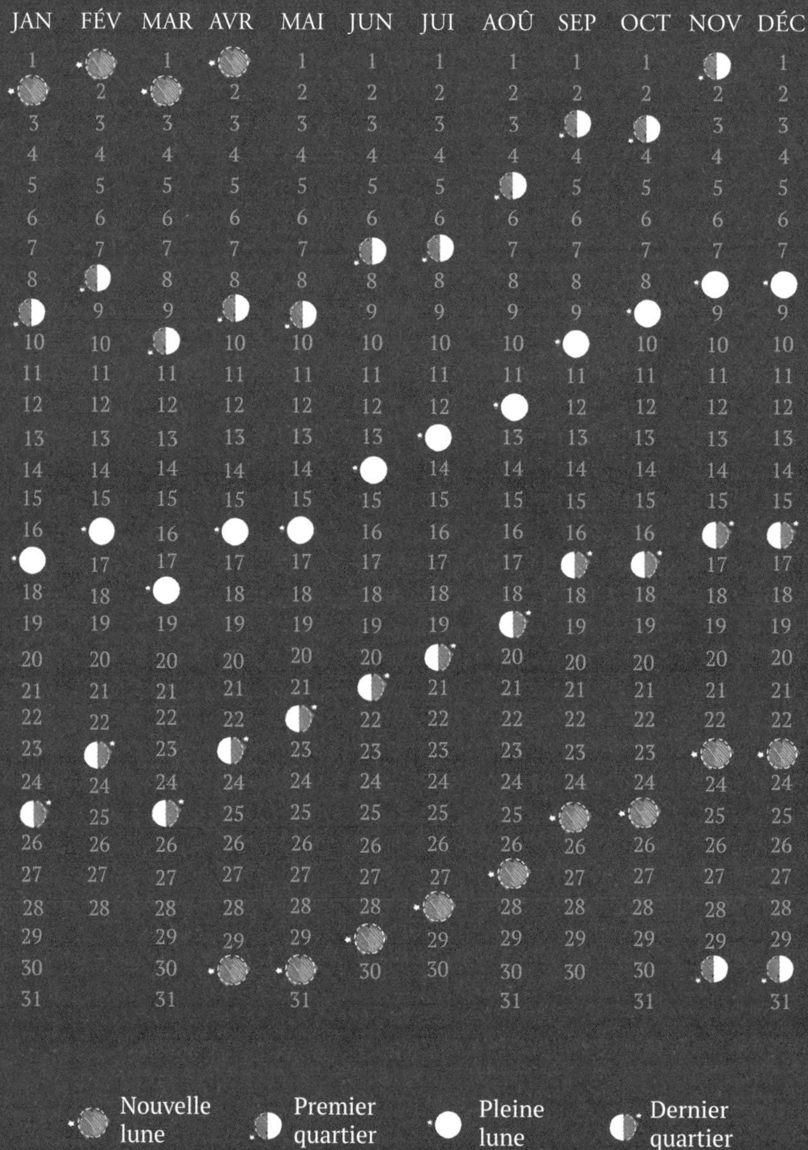

Cycle menstruel

Et si on se posait cinq minutes pour souffler un bon coup, se faire une tisane et écouter son corps ? Non, votre corps ne veut pas du kouign-amann ! Par contre, il a peut-être d'autres choses à vous dire. En tout cas, les mots de Gaëlle Baldassari à ce sujet m'ont beaucoup parlé. Je vous invite à chercher par vous-même des informations supplémentaires si le sujet vous intéresse.

1 // DÉBUT DE CYCLE

À ce moment-là, on déborde d'énergie, on se sent invincible et on se la joue Antigone : on veut tout, tout de suite et que ça marche ! C'est un moment parfait pour tenter de nouvelles expériences, ou enfin faire ces petites tâches ingrates qu'on a laissées trop longtemps traîner. L'effet Kiss Cool peut être une petite tendance à l'impatience quand tout ne roule pas comme prévu.

2 // PIC D'OVULATION

On se sent comme Beyoncé. On se sent forte, belle, rayonnante, sensuelle et très empathique. Prendre soin de soi, de sa famille, de ses amis et même de l'équipe avec laquelle on travaille sera un vrai bonheur. C'est un bon moment pour nouer des liens et faire des rencontres. Le cerveau et la productivité se calment un peu pour laisser au cœur le temps de rayonner.

3 // PÉRIODE PRÉ-RÈGLES

On ne va pas se mentir, ce n'est pas la plus agréable. On sent qu'on n'a plus autant d'énergie, on remarque les détails un peu moches et en même temps, on a pas mal d'envies et d'aspirations. C'est la période où il faut noter toutes nos idées, même celles qu'on trouve nulles sur le moment, mais aussi de faire un petit bilan sur nos tracas.

4 // RÈGLES

Alleeeeez on souffle un coup. On prend du recul, on fait le tri dans les idées, les choix, les intentions, les objectifs et pour celles qui ont des règles de l'enfer, on se fait une bouillotte et on esquisse un sourire. Reposez-vous un peu, regardez tout ce que vous avez accompli et toutes les jolies choses que vous souhaitez réaliser plus tard !

Traqueur des victoires

Lorsque vous avez vraiment l'impression d'avoir fait, ressenti ou appris quelque chose de fort (ou qui vous rend heureux ou fier) concernant votre pratique, colorez une pierre et notez à quoi elle correspond. Il y a parfois des victoires qui semblent minimes pour d'autres, mais qui seront de grands pas pour vous. Cet espace est le vôtre, alors notez-les !

Janvier

L	M	M	J	V	S	D
					1	2
3	4	5	6	7	8	9
10	11	12	13	14	15	16
17	18	19	20	21	22	23
24	25	26	27	28	29	30
31						

Février

L	M	M	J	V	S	D
	1	2	3	4	5	6
7	8	9	10	11	12	13
14	15	16	17	18	19	20
21	22	23	24	25	26	27
28						

Mars

L	M	M	J	V	S	D
	1	2	3	4	5	6
7	8	9	10	11	12	13
14	15	16	17	18	19	20
21	22	23	24	25	26	27
28	29	30	31			

Avril

L	M	M	J	V	S	D
				1	2	3
4	5	6	7	8	9	10
11	12	13	14	15	16	17
18	19	20	21	22	23	24
25	26	27	28	29	30	

Mai

L	M	M	J	V	S	D
						1
2	3	4	5	6	7	8
9	10	11	12	13	14	15
16	17	18	19	20	21	22
23	24	25	26	27	28	29
30	31					

Juin

L	M	M	J	V	S	D
		1	2	3	4	5
6	7	8	9	10	11	12
13	14	15	16	17	18	19
20	21	22	23	24	25	26
27	28	29	30			

Juillet

L	M	M	J	V	S	D
				1	2	3
4	5	6	7	8	9	10
11	12	13	14	15	16	17
18	19	20	21	22	23	24
25	26	27	28	29	30	31

Août

L	M	M	J	V	S	D
1	2	3	4	5	6	7
8	9	10	11	12	13	14
15	16	17	18	19	20	21
22	23	24	25	26	27	28
29	30	31				

Septembre

L	M	M	J	V	S	D
			1	2	3	4
5	6	7	8	9	10	11
12	13	14	15	16	17	18
19	20	21	22	23	24	25
26	27	28	29	30		

Octobre

L	M	M	J	V	S	D
					1	2
3	4	5	6	7	8	9
10	11	12	13	14	15	16
17	18	19	20	21	22	23
24	25	26	27	28	29	30
31						

Novembre

L	M	M	J	V	S	D
	1	2	3	4	5	6
7	8	9	10	11	12	13
14	15	16	17	18	19	20
21	22	23	24	25	26	27
28	29	30				

Décembre

L	M	M	J	V	S	D
			1	2	3	4
5	6	7	8	9	10	11
12	13	14	15	16	17	18
19	20	21	22	23	24	25
26	27	28	29	30	31	

Différentes dates et célébrations

Il en manquera sans doute, mais j'ai essayé de regrouper ici des dates et célébrations qui peuvent vous être utiles.

JOURS FÉRIÉS EN FRANCE

SAM 1ER JAN	- Premier de l'An
LUN 18 AVR	- Lundi de Pâques
DIM 1ER MAI	- Fête du travail
DIM 8 MAI	- Victoire 1945
JEU 26 MAI	- Ascension
LUN 6 JUIN	- Lundi de Pentecôte
JEU 14 JUIL	- Fête nationale
LUN 15 AOÛ	- Assomption
MAR 1ER NOV	- Toussaint
VEN 11 NOV	- Armistice de 1918
DIM 25 DÉC	- Noël

JOURS FÉRIÉS EN BELGIQUE

SAM 1ER JAN	- Premier de l'An
LUN 18 AVR	-Lundi de Pâques
DIM 1ER MAI	- Fête du travail
JEU 26 MAI	- Ascension
LUN 6 JUIN	- Lundi de pentecôte
JEU 21 JUIL	- Fête nationale
LUN 15 AOÛ	- Assomption
MAR 1ER NOV	- Toussaint
VEN 11 NOV	- Armistice 1918
DIM 25 DÉC	- Noël

JOURS DE SABBATS

MAR 1ER FÉV	- Imbolc
DIM 20 MAR	- Ostara
DIM 1ER MAI	- Beltane
MAR 21 JUIN	- Litha
LUN 1ER AOÛ	- Lugnasad
VEN 23 SEP	- Mabon
LUN 31 OCT	- Samhain
MER 21 DÉC	- Yule

JOURS FÉRIÉS EN SUISSE

SAM 1ER JAN	- Premier de l'An
VEN 15 AVR	- Vendredi saint
LUN 18 AVR	- Lundi de Pâques
JEU 26 MAI	- Jeudi de l'Ascension
LUN 6 JUIN	- Lundi de Pentecôte
LUN 1ER AOÛ	- Fête nationale
JEU 8 SEP	- Jeûne genevois
DIM 25 DÉC	- Noël
SAM 31 DÉC	- Restauration de la République

CÉLÉBRATIONS JUIVES

16 – 17 JAN	- Tou Bichvat
16 – 17 MAR	- Pourim
15 AVR – 23 AVR	- Pessa'h
18 – 19 MAI	- Lag Ba'omer
4 – 6 JUIN	- Chavouot
7 AOÛ	- Tisha Beav
26 – 27 SEP	- Roch Hachana
4 – 5 OCT	- Yom Kippour
9 – 18 OCT	- Souccot
MAR 18 OCT	- Sim'hat Torah
18 DEC – 26 DÉC	- Hanoucca

CÉLÉBRATIONS MUSULMANES

MAR 1ER MAR	- Al Isrâ' wal Mi' râj
2 AVR – 2 MAI	- Ramadan
MAR 26 AVR	- Laylat al Qadr
MAR 3 MAI	- L'Aïd el Fitr
DIM 10 JUIL	- Aid El Kébir
SAM 30 JUIL	- Ra's as-Sana
LUN 8 AOÛ	- Achoura
SAM 8 OCT	- Mawlid

CÉLÉBRATIONS CATHOLIQUES

JEU 6 JAN	- Épiphanie
MER 2 FÉV	- Chandeleur
MAR 1ER MAR	- Mardi gras
MER 2 MAR	- Les Cendres
2 MAR – 17 AVR	- Carême
VEN 25 MAR	- Annonciation
DIM 10 AVR	- Les Rameaux
JEU 14 AVR	- Jeudi saint
VEN 15 AVR	- Vendredi saint
DIM 17 AVR	- Pâques
JEU 26 MAI	- Ascension
DIM 5 JUIN	- Pentecôte
LUN 15 AOÛ	- Assomption
MAR 1ER NOV	- Toussaint
MER 2 NOV	- Fête des morts
DIM 25 DÉC	- Noël

La bibliothèque de sorcière

Cet espace est réservé à vos livres de cette année. Les deux options d'utilisation sont les suivantes : certains notent directement les livres achetés sur les tranches des livres ci-dessous et les colorient une fois qu'ils sont lus. Certains préfèrent noter et colorier les livres lus seulement. À vous de choisir ! En bonus, vous pouvez vous dessiner en train de lire dans un très confortable fauteuil. Si vous avez du mal à vous poser avec un livre, je vous propose ceci : tout en vous dessinant, écoutez une musique que vous pourriez écouter en fond lors d'une prochaine séance de lecture (cela peut être une playlist de musique d'ambiance par exemple), dans l'ordre défini par l'artiste. Pendant que vous dessinez au son de cette musique, répétez : « Cette année, ma bibliothèque sera peut-être pleine, mais ma tête aussi, car je vais lire. Cela sera un moment pour moi, et je m'offrirai ce moment régulièrement. » Lorsque vous aurez envie de lire, glissez-vous dans votre fauteuil et mettez la playlist que vous avez choisie précédemment pour vous motiver à rester concentré.

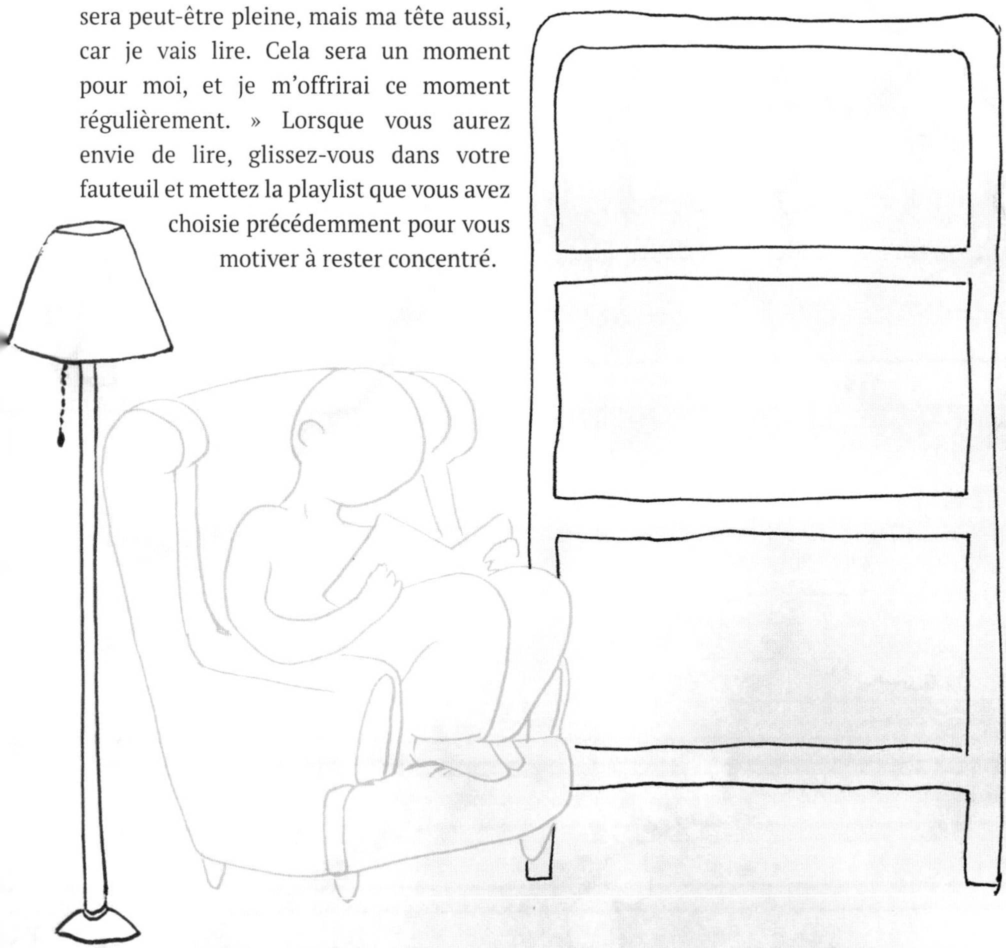

Composer un autel

Ce que j'apprécie par-dessus tout avec le paganisme et la sorcellerie, c'est le fait qu'il n'y ait aucune règle gravée dans le marbre façon Dix Commandements. Bon, il y a toujours des sorciers qui diront « Ooouuh moi, je n'aurais pas fait comme ça. De mon temps, c'était mieux ! », avec un petit regard bien moralisateur. Mais ceux-là, vous pouvez directement les fuir : ce genre de remarque ne vous sert ni à grandir dans votre pratique, ni à créer une base de débat intelligent. Fuyez !

C'est pour ça que je vais vous donner la clé pour faire l'autel qui vous convient : faites comme bon vous semble ! En réalité, c'est le meilleur conseil que je puisse vous donner pour l'ensemble de votre pratique. Le plus important est de faire les choses avec cœur, en faisant le bien autant que faire se peut, et en cherchant à créer un lien honnête entre vous et la magie, la/les divinité(s) ou le/les élément(s) qui vous parlent. Nous ne sommes pas sorcières, wiccans, païens ou autre pour des likes sur Instagram ou pour attirer l'attention sur nous.

Bien-sûr, avoir un œil esthétique et vouloir partager avec d'autres personnes sur les réseaux n'est pas mauvais. De toute façon, le bien et le mal sont des notions qui varient d'une personne à l'autre… Et puis au final, doit-on vraiment chercher à tout définir selon elles ? Savoir garder une part pour soi est aussi important, tout n'a pas à être exposé aux yeux de tous : occulte signifie « ce qui est caché, qui se garde secret » ou « qui est inconnu par nature ».

Si l'on se réfère à ce que certains appellent la sorcellerie traditionnelle, il existe trois types d'autel de base :

- celui qui est dédié aux pouvoirs des forces élémentales ;
- celui qui est dédié aux pouvoirs d'un ou plusieurs esprits ;
- celui qui combine les deux.

Sans vous dire quoi faire, il est toujours possible de partager des idées, ou même des constats. De toute façon, vous verrez au fur et à mesure de votre pratique que votre (ou vos) autel évoluera, et il peut aussi changer en fonction des occasions, des esbats, sabbats et autres célébrations par exemple.

Voici donc quelques idées qui pourront vous aider lorsque vous débutez.

LES ÉLÉMENTS DE L'AUTEL

Premier conseil : ne vous précipitez pas dans les magasins ou sur les boutiques qu'on trouve sur Internet. C'est le meilleur moyen pour recevoir un coup de fil de sa banque et d'avoir une quantité d'objets qui finalement ne nous parlent plus, ou qui ne nous conviennent pas. Que vous soyez très manuel ou pas, c'est le moment de bidouiller un peu, ou glaner des éléments à droite et à gauche. Baladez-vous dans des lieux qui vous parlent, dans des vide-greniers etc., cela vous permettra déjà de ne pas dépenser trop, mais aussi de vous concentrer sur ce qui compte le plus : vos intentions au moment de monter votre autel. Par exemple, personnellement, l'athamé n'est pas quelque chose que j'aime utiliser, je trouve la baguette plus « polie ». Par contre, ma bolline ne me quitte jamais et c'est l'un de mes objets magiques favoris, ainsi que mon balai. Pas sur l'autel certes, mais vous avez l'idée.

LES COULEURS

Les couleurs transmettent des messages, des intentions, aussi bien dans la vie que dans les rituels. La couleur de vos bougies, de la nappe de l'autel, de vos pierres, fleurs et autres objets peuvent apporter du sens à la construction de votre autel, en fonction de votre « but ». Ne soyez pas non plus obsédé par une couleur : si vous voulez ajouter quelque chose sur votre autel qui fait sens au niveau symbolique ou actif (par exemple, une pierre), mais qu'elle n'a pas LA couleur que vous vouliez, respirez un coup, et posez l'objet qui vous appelle sur votre autel. Tout va bien se passer, la terre ne va pas s'ouvrir et vous engloutir. Quoi que.

Note : en fonction des pays, les significations sont susceptibles de varier, mais voici les associations de couleurs que j'ai trouvées en me basant sur la sorcellerie occidentale moderne des pays anglophones (différentes de celles de la magie folklorique). Vous les trouverez sur la page suivante.

Couleurs et intentions

Noir
Bannissement, éloignc l'énergie malfaisante, vengeance, renversement de sortilèges

Bleu
Communication, télépathie, concentration, guérison, sagesse

Brun
Procès, contrats, affaires légales

Rouge
Amour, vitalité, force

Vert
Abondance, prospérité, bonne fortune, succès, évolution, activités financières

Orange
Nettoyage, guérison, fertilité, abondance

Rose
Affection, famille, amour et générosité

Mauve/violet
Énergie spirituelle, guérison, habiletés psychiques avancées, paix et calme

Or
Soleil, l'énergie masculine, abondance, bonheur, bonheur de la famille et succès

Argent
Lune, l'énergie féminine, abondance

Blanc
Protection, guérison, exorcisme et paix

Jaune
Connaissance, étude et concentration

LES AUTELS À THÈME

Ce sont des autels qui changent régulièrement en fonction de votre envie. Peut-être voulez-vous installer un autel dédié à une ou plusieurs divinités qui vous touchent et à qui vous avez envie de communiquer votre respect ou faire une offrande (attention toutefois à ne pas mettre n'importe qui ensemble) ? Voulez-vous adresser un message aux personnes qui vous sont chères, qu'elles vous aient quitté ou non ? Est-ce que c'est un moment particulier de l'année que vous voulez célébrer, comme un sabbat par exemple ?

LES AUTELS « VIVANTS »

Ce que j'appelle « autel vivant », c'est un autel où il y aura quelques éléments présents de façon systématique, avec une partie qui évoluera en fonction des floraisons, des célébrations, des travaux etc. On le reconnaîtra au fil du temps pour des éléments constants mais, à la façon d'un individu, il évoluera. Sa caractéristique principale, c'est son aspect très végétal, fleuri. Ce type d'autel est parfois considéré comme un peu chargé, mais ça, c'est à vous de voir !

LES AUTELS DE VOYAGE

Voilà une bonne façon de cacher son autel quand on vit avec des gens qui ne sont pas forcément réceptifs à cet aspect de notre vie. C'est un concept intéressant, car il va falloir que vous fournissiez un petit travail personnel, une petite introspection magique. Quels sont les éléments vraiment décisifs dans votre pratique ? Quelle boîte/contenant choisir ? Un faux livre pour le balader avec soi ? Une boîte d'allumettes pour être sûr de la glisser partout ? Une boîte en métal ? En bois ? Comme pour le reste, vos éléments magiques vont vous « appeler ». Laissez votre instinct vous guider, ne cherchez pas à tout intellectualiser. Après tout, nous sommes reliés aux énergies et éléments, donc si on sait taire le mental, tout ce joyeux petit monde nous glissera des indices ici et là.

Quand on n'a vraiment pas les moyens, mais qu'on n'est pas à court d'idées, on peut aussi dessiner son autel dans son grimoire/livre des ombres, comme je vous le propose ici. Pour en savoir plus, il suffit de tourner la page. Le suspens est à son comble, je sais.

C'est l'heure de sortir les crayons !

Vous trouverez, en fonction des différentes branches de la sorcellerie et du paganisme, des variations d'organisation d'autel, comme nous venons de le voir. C'est pourquoi je ne vous proposerai pas de présentation : suivez votre instinct ou faites vos recherches, c'est comme ça que vous pourrez développer vos capacités et vos sens.

Le recto de cette page est à découper, les éléments sont faits pour vous donner une base pour votre autel de papier. Comme nous l'avons vu précédemment, c'est un excellent moyen de pratiquer de façon discrète ou de voyager léger. N'hésitez pas, si vous le souhaitez, à dessiner vous-même, peindre ou faire du collage d'images qui vous parlent !

Vous avez commencé mais finalement, ça ne vous plaît pas ? Recouvrez les pages de papier et recommencez ! Ne paniquez pas si ce n'est pas parfait, vous n'avez pas besoin que tout soit lisse et ressemble à ces comptes Pinterest et Instagram qui nous font briller les yeux. Ne cherchez pas à comparer, faites ce qui vous parle et vous ressemble.

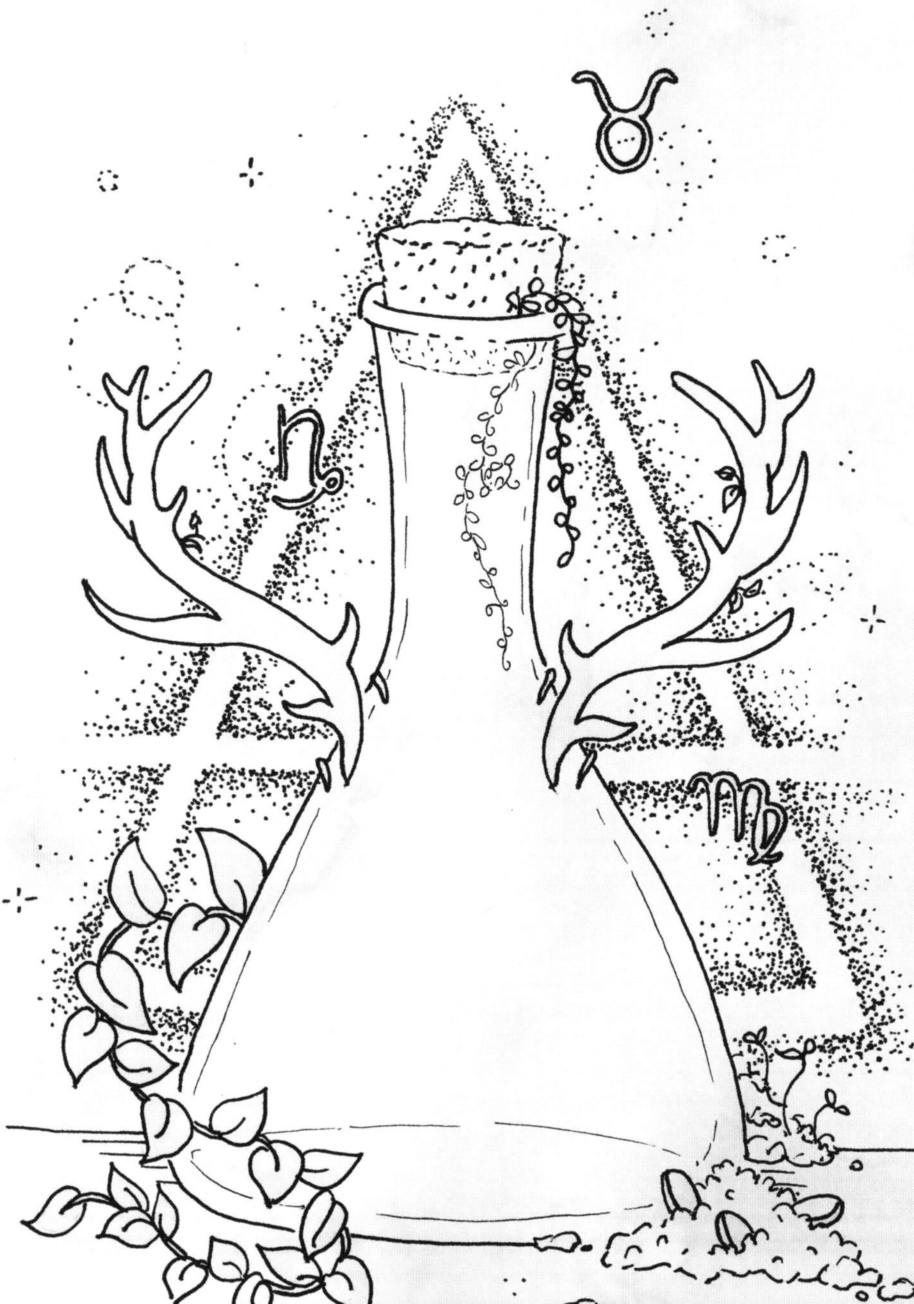

Correspondances élément Terre

- **Direction**
  Nord
- **Astres**
  Terre, Lune
- **Couleurs**
  Vert, marron
- **Signes**
  Taureau, Vierge, Capricorne
- **Moment de la journée**
  Nuit
- **Métaux**
  Argent, plomb
- **Saison**
  Hiver
- **Période de la vie**
  Grossesse, naissance
- **Sur l'autel**
  Pentacle, sel, pierre

- Croissance
- Stabilité
- Abondance
- Argent
- Prospérité
- Fertilité
- Corps physique
- Naissance
- Bien matériel
- Travail
- Gain matériel
- Finances
- Jardinage
- Pierres
- Animaux
- Runes
- Force physique

DIVINITÉS

- Ceridwen
- Déméter
- Gaïa
- Cérès
- Rhiannon
- Perséphone
- Épona
- Prithvi
- Pan
- Cernunnos
- Herne
- Thoth
- Adonis
- Dumuzi
- Dionysos
- Athos

ANIMAUX

- Vache/bison/buffle
- Cerf
- Chien
- Cheval
- Fourmi
- Loup
- Ours

PIERRES

- Émeraude
- Onyx
- Jaspe
- Tourmaline
- Œil de Tigre
- Quartz
- Azurite

PLANTES

- Cèdre
- Cyprès
- Magnolia
- Blé
- Sauge
- Chêne
- Noisettes
- Lierre
- Chèvrefeuille
- Patchouli
- Vétiver

Mon jardin et la lune

LA LUNE ASCENDANTE

Pendant la lune ascendante, la sève monte dans les plantes, favorisant ainsi les parties hautes. À faire pendant la lune ascendante : récolter les parties aériennes des plantes, faire germer, semer, greffer, prélever les greffons.

C'est une phase favorable aux récoltes destinées à la conservation. Les fruits et légumes se conserverons davantage, et bénéficieront d'une bonne résistance aux maladies.

LA LUNE DESCENDANTE

Pendant la lune descendante, la sève descend aux racines. À faire pendant la lune descendante : récolter les légumes racines, planter, élaguer, bouturer, tondre, repiquer, rempoter, transplanter, tailler, travailler la terre, diviser, butter.

En période de lune décroissante, les récoltes auront une saveur plus soutenue qu'en lune croissante, mais se conserveront moins bien.

Dans la mesure du possible, évitez de jardiner six heures avant et six heures après un nœud lunaire, apogée ou périgée. Vous pouvez les trouver sur Internet, sur des sites de jardinage.

Jours racines
Vierge, Capricorne, Taureau

Jours fleurs
Verseau, Gémeaux, Balance

Jours fruits
Bélier, Sagittaire, Lion

Jours feuilles
Scorpion, Poissons, Cancer

Correspondances élément Air

- **Direction**
  Est
- **Signes**
  Gémeaux, Verseau, Balance
- **Saison**
  Printemps
- **Astres**
  Jupiter, Vénus
- **Moment de la journée**
  Aube
- **Période de la vie**
  Jeunesse
- **Couleurs**
  Jaune, bleu clair, gris
- **Métaux**
  Cuivre, étain
- **Sur l'autel**
  Baguette, encens

- Esprit/Mental
- Travail psychique
- Intuition
- Connaissance
- Abstraction
- Créativité
- Vent
- Souffle
- Nuages
- Inspiration
- Ouïe
- Purification
- Mémoire
- Télépathie
- Commencement
- Retrouver ce qui est perdu
- Pensée

DIVINITÉS

- Morrígan
- Athéna
- Uranie
- Nyx
- Cardea
- Aradia
- Hermès
- Thoth
- Mercury
- Shou
- Kheohera
- Enlil

ANIMAUX

- Oiseaux
- Chauve-souris
- Insectes volants
- Araignées

PIERRES

- Aventurine
- Topaze
- Fluorite
- Cristaux clairs
- Améthyste

PLANTES

- Acacia
- Anis
- Tremble
- Benjoin
- Trèfle
- Aneth
- Oliban
- Myrrhe
- Lavande
- Citronnelle
- Pin
- Verveine
- Violette
- Achillée

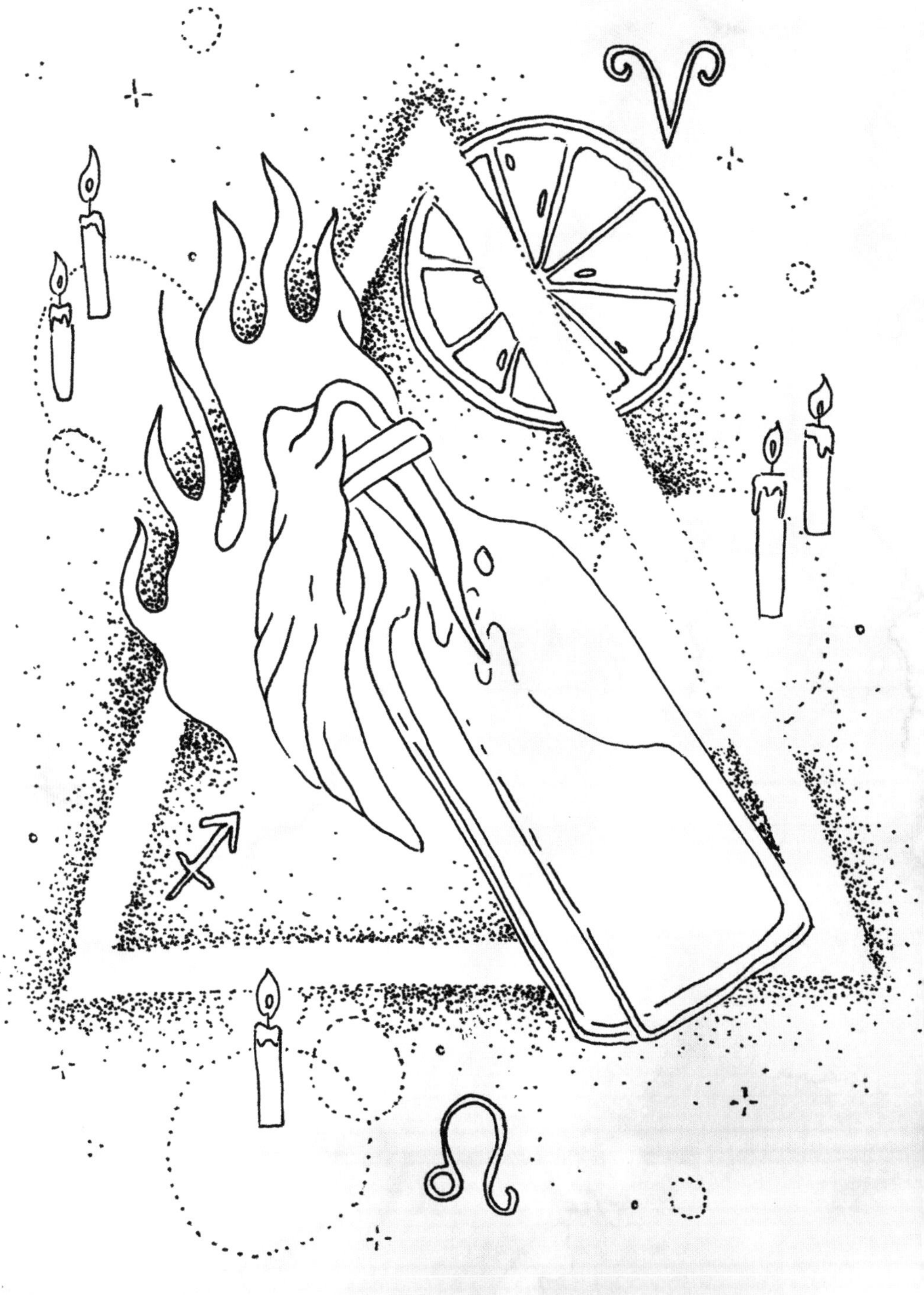

Correspondances élément Feu

- **Direction**
  Sud
- **Signes**
  Bélier, Lion, Sagittaire
- **Saison**
  Été
- **Astres**
  Mars, Soleil
- **Moment de la journée**
  Milieu de journée
- **Période de la vie**
  Adulte
- **Couleurs**
  Rouge, orange, doré
- **Métaux**
  Or, fer
- **Sur l'autel**
  Athamé, bougies

- Énergie
- Sexualité
- Passion/luxure
- Amour
- Autorité
- Soleil
- Sang
- Pouvoir
- Transformation
- Purification
- Flammes
- Feux de joie
- Protection
- Courage
- Force
- Exercice physique
- Loyauté
- Volonté

DIVINITÉS

- Brigid
- Pelé
- Vesta
- Freyja
- Hestia
- Morrígan
- Agni
- Râ
- Héphaïstos
- Horus
- Prométhée
- Vulcain

ANIMAUX

- Lion
- Salamandre
- Dragon
- Phœnix
- Renard
- Coyote

PIERRES

- Jaspe rouge
- Héliotrope
- Quartz
- Rubis
- Agate
- Cornaline
- Grenat

PLANTES

- Basilic
- Piment
- Cactus
- Poivre rouge
- Cannelle
- Ail
- Hibiscus
- Genévrier
- Moutarde
- Orties
- Orange
- Oignons
- Citron
- Poivrons

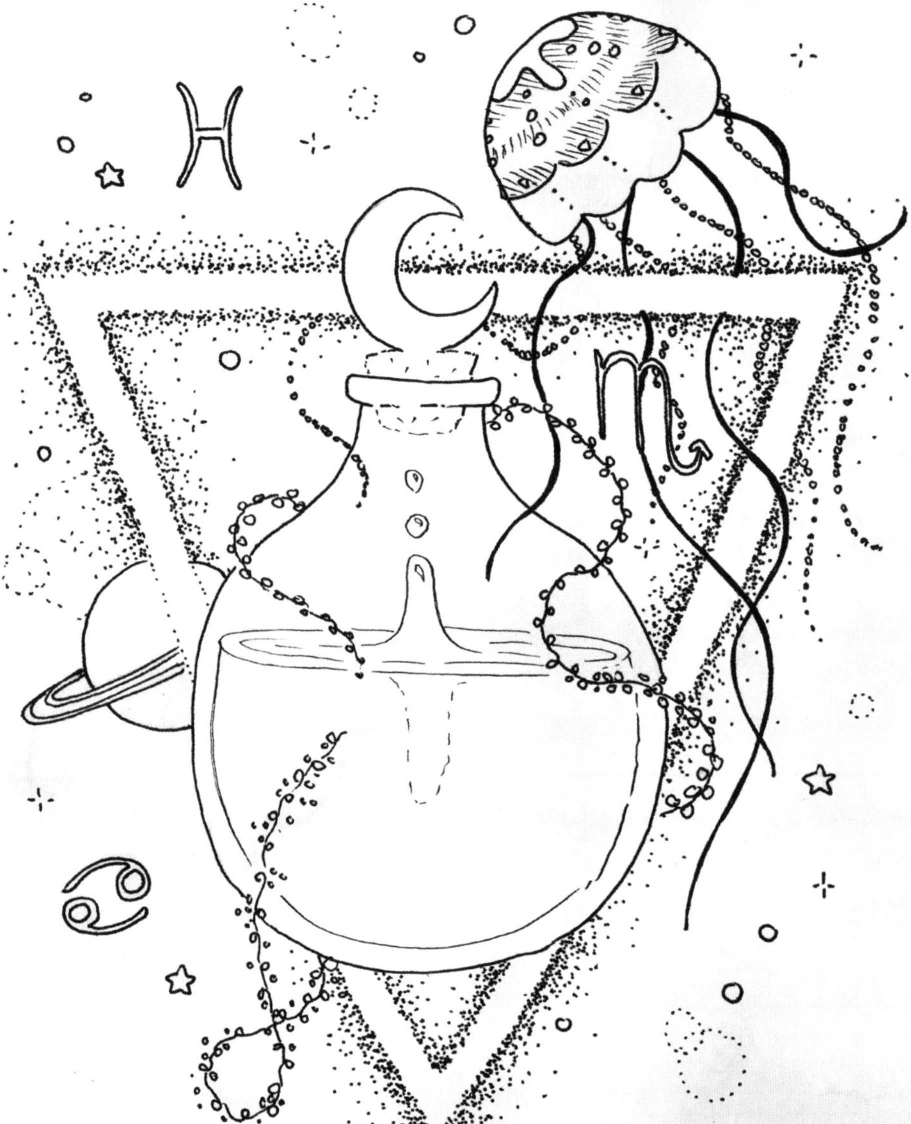

Correspondances élément Eau

- **Direction**
  Ouest
- **Signes**
  Cancer, Scorpion, Poissons
- **Saison**
  Automne
- **Astres**
  Saturne, Mercure
- **Moment de la journée**
  Crépuscule
- **Période de la vie**
  Fin de vie
- **Couleurs**
  Argenté, bleu, noir, violet
- **Métaux**
  Mercure
- **Sur l'autel**
  Chaudron, calice

- Émotivité
- Amour
- Inconscient
- Perceptions
- Utérus
- Rêves
- Pouvoirs psychiques
- Purification
- Quêtes spirituelles
- Corps liquides
- Amitié
- Féminin Sacré
- Menstruations
- Mystères
- Nettoyage
- Guérison
- Purification
- Réflexion

DIVINITÉS

- Aphrodite
- Isis
- Mariamne
- Mari
- Tiamat
- Yemayá
- Sedna
- Kupala
- Dylan Eil Ton
- Ea
- Manannán Mac Lir
- Osiris
- Neptune
- Poséidon
- Varuna

ANIMAUX

- Poisson
- Tortue
- Fruits de mer
- Narval
- Serpent
- Mouette
- Grenouille

PIERRES

- Aigue-marine
- Topaze bleue
- Perle
- Corail
- Pierre de lune
- Lapis-lazuli
- Sodalite

PLANTES

- Nénuphars
- Algues
- Saules
- Alœ vera
- Pommier
- Cataire
- Camomille
- Fougères
- Laitue
- Lila
- Lotus
- Rose
- Gardénia
- Mousse

Que pratique-t-on ce trimestre ?

Ici, je vous propose de vous concentrer sur deux domaines magiques pour les trois prochains mois, quitte à rajouter des tâches une fois les premières terminées. Chaque colonne ci-dessous est destinée à accueillir l'un de vos projets concernant votre bien-être, votre spiritualité ou votre pratique magique !

J'ai envie de pratiquer...

....	....
....	....
Matériel nécessaire	Matériel nécessaire
☐	☐
☐	☐
☐	☐
☐	☐
☐	☐
☐	☐
☐	☐
☐	☐
☐	☐

Notes

ACHATS ET BRICOLAGES DU MOIS

Janvier

L	M	M	J	V	S	D
					1	2
3	4	5	6	7	8	9
10	11	12	13	14	15	16
17	18	19	20	21	22	23
24	25	26	27	28	29	30
31						

PHASES LUNAIRES

- 2 • nouvelle lune
- 9 • premier quart
- 17 • pleine lune
- 25 • dernier quart

AFFIRMATION OU CITATION DU MOIS

IMPORTANT

CUISINER DE SAISON

ail • betterave • carotte • chou • chou de Bruxelles • courge • céleri • endive • frisée • mâche • navet • oignon • panais • poireau • pomme de terre • salsifis • topinambour • épinard

citron • clémentine • kiwi • mandarine • orange • pamplemousse • poire • pomme

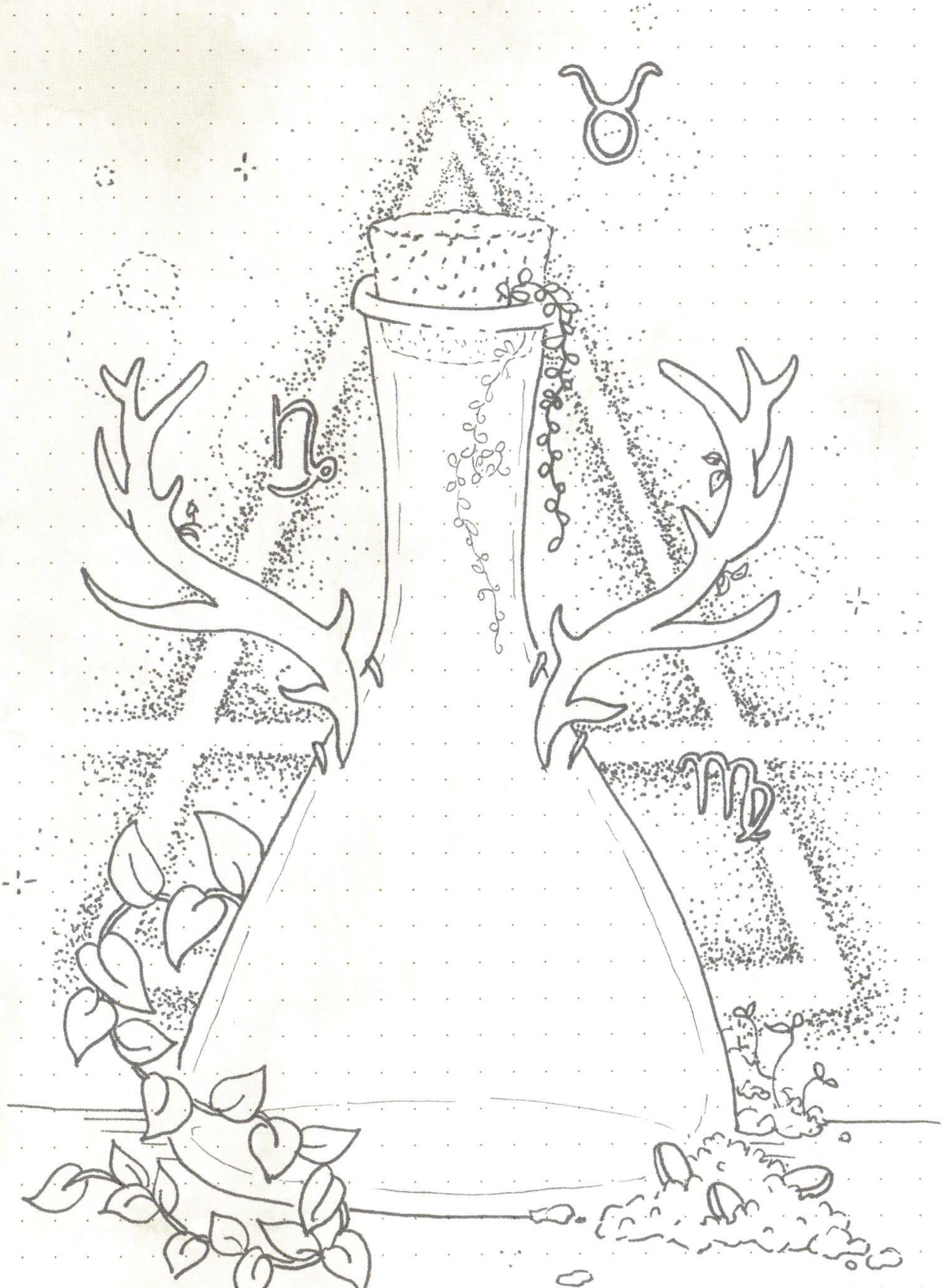

Janvier

Lundi	Mardi	Mercredi
3	4	5
10	11	12
17 pleine lune	18	19
24	25 dernier quartier	26
31		

Jeudi	Vendredi	Samedi	Dimanche
		1	2 nouvelle lune
6	7	8	9 premier quartier
13	14	15	16
20	21	22	23
27	28	29	30

Traqueur d'humeur du mois

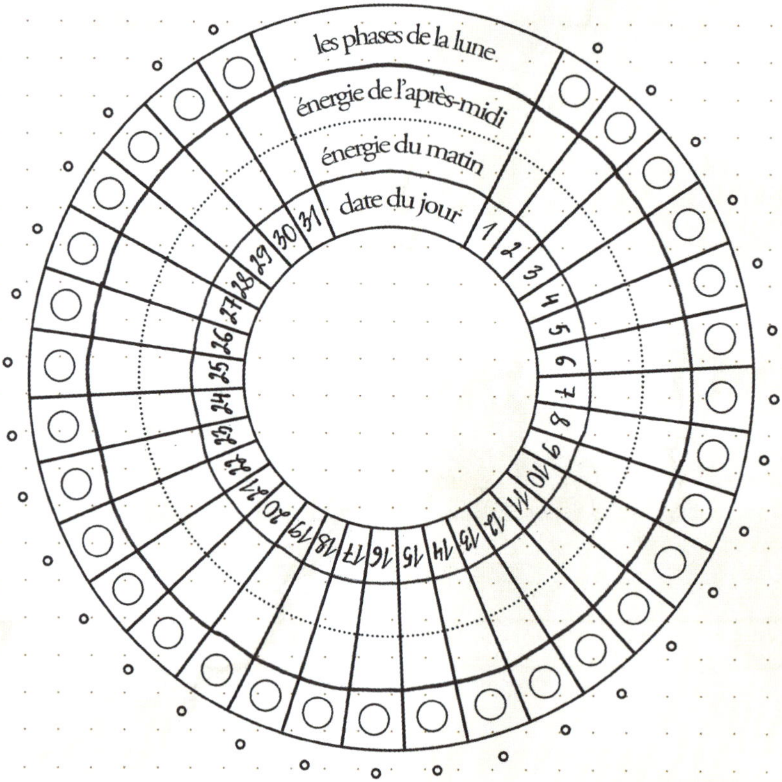

Je suis d'humeur…

☐ positive	☐ créative	☐
☐ neutre	☐ spirituelle	☐
☐ négative	☐ angoissée	☐

Tirage du mois

Voici le tirage général du mois. Il est possible de le faire avec un oracle ou un tarot, cela n'a pas d'importance. Si des lames « sautent » du jeu pendant que vous les battez, mettez-les de côté et gardez-les pour les interpréter à part.

DATE DE L'ÉTUDE

........./........./.........

ORACLE OU TAROT UTILISÉ

....

....

PHASE DE LA LUNE

○ ....

☐ Tirage avec les lames à l'envers

Ce qui m'attend ce mois-ci

Ce que je dois éviter

Ce sur quoi je dois me concentrer

MOTS-CLÉS

....

....

....

....

ANALYSE DU TIRAGE

.......arcanes majeurs ....arcanes mineurs

.......lames à l'endroit ....lames à l'envers

☐ Deniers ☐ Épées

☐ Bâtons ☐ Coupes

INTERPRÉTATION DU TIRAGE

RÉSUMÉ

Créer un espace mental et physique pour sa spiritualité

Lorsque l'on souhaite s'investir dans sa pratique spirituelle, c'est souvent d'organisation que l'on manque, et non de motivation ! Voici quelques idées qui vous aideront à vous glisser doucement dans la peau d'un·e pratiquant·e de la sorcellerie :

- créez un rituel qui établit la limite entre votre vie profane (celle de tous les jours) et votre vie spirituelle (celle de tous les jours, mais avec l'option creusage de méninges et paillettes). Par exemple : mettre le téléphone en silencieux, se laver les mains et/ou le visage, méditer 5 minutes, puis passer à la pratique.

- créez des temps concrets inscrits dans votre agenda pour pratiquer et étudier, comme nous le faisons pour le reste de notre quotidien. Par exemple : le mardi et jeudi, de 18 h 30 à 19 h, vous vous réservez 30 minutes pour lire, tirer les cartes, prier...

- listez tout ce dont vous avez envie (lectures, pratiques, les cartes que vous voulez étudier, les vidéos que vous voulez voir...) sur des petits papiers. Pliez-les et mélangez-les (vous pouvez aussi les répartir par temps à consacrer, thème etc., dans différents pots ou sachets) et piochez-en un quand vous ne savez pas quoi pratiquer.

♑ Samedi 1er

Personnalité du jour :
James Frazer, auteur du *Rameau d'Or*, anthropologue, Écosse

07:38 heure lever soleil
16:28 heure coucher soleil
06:21 heure lever lune
14:58 heure coucher lune

♑ Dimanche 2

NOUVELLE LUNE

Œuvre du jour :
The Sorceress, Georges Merle, 1851-1886

07:38 heure lever soleil
16:29 heure coucher soleil
07:36 heure lever lune
15:59 heure coucher lune

Lundi 3

Découverte du jour :
Théorie de la relativité, 1905
Albert Einstein

07:38 heure lever soleil
16:30 heure coucher soleil
08:39 heure lever lune
17:12 heure coucher lune

Mardi 4

Œuvre du jour :
A Sorceress, Corrado Giaquinto,
1750-1752

07:38 heure lever soleil
16:31 heure coucher soleil
09:28 heure lever lune
18:31 heure coucher lune

Mercredi 5

Outil du jour :
Solides de Platon

07:38 heure lever soleil
16:32 heure coucher soleil
10:05 heure lever lune
19:51 heure coucher lune

Jeudi 6

Divinité du jour :
Perséphone, retour de la végétation
au printemps

07:37 heure lever soleil
16:33 heure coucher soleil
10:34 heure lever lune
21:07 heure coucher lune

Vendredi 7

07:37 heure lever soleil
16:34 heure coucher soleil
10:58 heure lever lune
22:20 heure coucher lune

Samedi 8

Divinité du jour :
Triple Boand, la Terre-Mère, la nature
et la force créatrice du monde,
Gaule primitive

07:37 heure lever soleil
16:35 heure coucher soleil
11:18 heure lever lune
23:28 heure coucher lune

Dimanche 9

PREMIER QUARTIER

07:37 heure lever soleil
16:36 heure coucher soleil
11:38 heure lever lune
--:-- heure coucher lune

Influencer son année, choisir son nord

Il existe différents points de repère dans une vie et la célébration d'une nouvelle année peut en faire partie. Il existe d'autres points charnières possibles, ici je vous en propose un (symbolisé par le commencement de cet agenda), mais vous pourriez en choisir un dans un autre système calendaire ou des dates plus personnelles, comme votre anniversaire par exemple. Que l'on soit sorcière nomade vivant de grandes aventures ou sorcière de terrier bien au chaud dans son habitat cocon, avoir des moments d'introspection me semble nécessaire pour apprécier le chemin parcouru et comprendre nos désirs. J'appelle cela régler sa boussole intérieure, ce moment où l'on prend du recul et où l'on se met en quête de son nord.

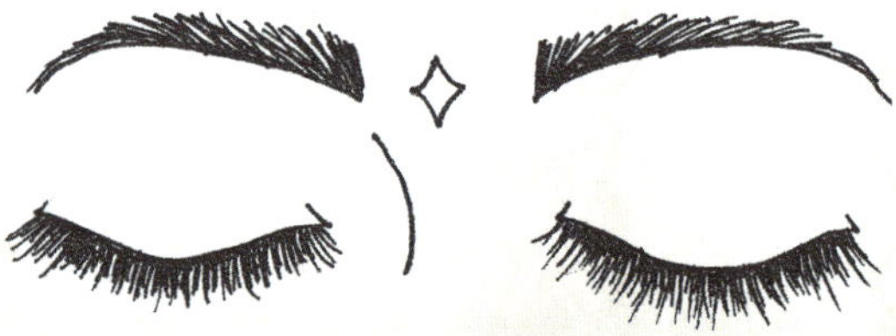

IL N'Y A QU'UNE SEULE DESTINATION À SUIVRE, OU ALORS C'EST QUE LA BOUSSOLE PERD LA TÊTE !

La racine latine du mot « priorité » peut être retracée jusqu'aux alentours de l'an 1400. Il se trouve que durant ses 540 premières années d'existence, le mot « priorité » n'était employé qu'au singulier : on estimait que si quelque chose était une priorité, alors elle était forcément unique. La forme plurielle est apparue vers 1940, accompagnée d'un curieux phénomène : on relève dans la presse une forte augmentation de l'utilisation de mots tels que « surchargé » ou « accablé ». La période n'était sans doute pas facile, avec la guerre. Nous pouvons observer une réaction dans l'usage du mot « priorité » : lorsque l'on commence à mettre en première place plusieurs priorités, on augmente de manière significative notre surcharge mentale.

Il s'agit d'une excellente recette pour se décourager. C'est totalement faux, c'est juste un manque d'organisation, même. Un dosage qu'il suffit d'ajuster pour faire des miracles, c'est promis !

Moi, je veux tout, tout de suite, – et que ce soit entier – ou alors je refuse ! Je ne veux pas être modeste, moi, et me contenter d'un petit morceau si j'ai été bien sage.
Je veux être sûre de tout aujourd'hui et que cela soit aussi beau que quand j'étais petite – ou mourir.

ANTIGONE, **JEAN ANOUILH**

APPAISER LA BOUSSOLE

Si vous êtes comme moi, il est probable que vous ayez ce que j'appelle le syndrome d'Antigone : le fait de tout vouloir, de vouloir tout faire et très souvent rapidement. La nouvelle année est le moment des résolutions. En un claquement de doigts, on veut exceller dans le domaine professionnel, lâcher le canapé pour devenir un yogiste confirmé, se mettre à courir un marathon et le tout en même temps, bien sûr. Puis, quelques jours plus tard, on baisse les bras en se disant « J'en étais sûr·e, je n'en suis pas capable, ce n'est pas pour moi ».

La réalité est légèrement différente, elle demande de prendre du recul pour envisager la possibilité suivante : nous nous mettons des objectifs trop grands pour nous rassurer en cas d'échec. Il n'est pas possible de naviguer à l'est, à l'ouest, au nord et au sud en même temps. Notre mortalité nous invite à une action inévitable : faire des choix. Choisir, cela signifie aussi savoir renoncer, principe très angoissant pour beaucoup d'entre nous, chères Antigones. Nous refusons de choisir, et la conséquence est souvent une sorte de flottement, une zone d'inaction qui s'étend à mesure que le temps passe, saupoudré parfois d'angoisse. Trouvons votre nord et sortons de cette zone pour que 2022 soit une année d'accomplissement, qu'en dites-vous ?

RASSEMBLER NOS DIRECTIONS INTÉRIEURES

Fermez les yeux, prenez trois longues et profondes respirations, puis notez ici toutes les priorités auxquelles vous pensez, vraiment toutes ! Tout ce qui vous semble prioritaire maintenant, de manière générale (pratique spirituelle, famille, santé, carrière professionnelle, développement personnel, amour…)

Fermez les yeux, prenez trois longues et profondes respirations, puis notez ici les dix actions ou éléments qui vous semblent les plus importantes dans votre vie (passer du temps en famille, voyager, lire, faire du sport, du temps pour soi, etc.)

1. . . . .

2. . . . .

3. . . . .

4. . . . .

5. . . . .

6. . . . .

7. . . . .

8. . . . .

9. . . . .

10. . . . .

Sur les dix précédents choix, nous allons en garder cinq. Cela ne veut pas dire que ceux qui ne sont pas retenus ne sont pas importants ou précieux, simplement qu'ils ne sont pas ce dans quoi vous avez envie de mettre le plus d'énergie pour le moment. On peut adorer ses enfants du plus profond de son cœur, mais avoir pour priorité du temps en solitaire parce que l'on sait qu'on est plus calme et un meilleur parent dans nos interactions avec eux grâce à cela, vous voyez ?

1. . . . .

2. . . . .

3. . . . .

4. . . . .

5. . . . .

Vous l'avez compris, nous allons continuer et en sélectionner trois sur les cinq précédents. Vous êtes en train de prendre en main votre essence même de sorcière, celle qui fascine et façonne le monde. Puisez en elle, connectez-vous à elle, prenez en assurance et assumez pleinement qui vous êtes, ce qui vous fait du bien, vous rend heureux·se. Prenez votre responsabilité, faites porter votre voix, n'ayez pas honte de prendre soin de vous.

1. . . . .

2. . . . .

3. . . . .

Vous m'avez probablement vue venir, il est temps de décider de votre ultime priorité. En ayant le courage d'arriver jusqu'ici, même si ce n'est pas forcément agréable, vous faites un premier pas en dehors de cette zone de confort pour partir vers la sorcière qui vous attend à la lisière du bois. Elle vous regarde poser la première pierre du chemin qui vous mène à elle.

1. . . . .

EXEMPLE

Ma priorité est ma famille. Pour pouvoir être pleinement présente pour elle, patiente avec mes enfants, réfléchie avec mon compagnon, j'ai besoin de prendre soin de moi, de ma santé et de mon travail. Cela signifie que lorsque je fais mon yoga (que je prends du temps pour moi, mon corps) je suis au service de ma priorité. Cela signifie qu'arrêter de travailler à un horaire décent pour me permettre ce sas de décompression sert ma priorité.

Lorsque vous sentez que votre liste de « priorités » et choses à faire se remplit un peu trop, que ce sentiment d'angoisse et de surcharge mentale arrive, posez-vous les questions suivantes pour vous réaligner. Prenez bien soin de vous et de ce qui compte vraiment pour vous.

- Êtes-vous dans une situation générale où vous pouvez faire de la place à votre priorité ?
- De quoi avez-vous besoin pour être dans une situation où vous pouvez faire de la place à cette priorité ?
- Est-ce que cette tâche est au service de ma priorité ?
- Est-ce que cette expérience est au service de ma priorité ?

Lundi 10

Pierre du jour :
Pyrite

07:36 heure lever soleil
16:37 heure coucher soleil
11:57 heure lever lune
00:35 heure coucher lune

Mardi 11

Divinité du jour :
Carmenta, divinité romaine et prophétesse d'Arcadie

07:36 heure lever soleil
16:39 heure coucher soleil
12:18 heure lever lune
01:40 heure coucher lune

Mercredi 12

Personnalité du jour :
Nundjan Djiridjarkan, leader australien indigène, connu pour son combat pour la conservation du savoir aborigène

07:36 heure lever soleil
16:40 heure coucher soleil
12:41 heure lever lune
02:44 heure coucher lune

Jeudi 13

Célébration du jour :
Midvintersblót
(fin de Jul en Suède)

07:35 heure lever soleil
16:41 heure coucher soleil
13:08 heure lever lune
03:48 heure coucher lune

Vendredi 14

Divinité du jour :
Bastet, déesse de la Joie du foyer, Égypte

07:35 heure lever soleil
16:42 heure coucher soleil
13:40 heure lever lune
04:51 heure coucher lune

Samedi 15

07:34 heure lever soleil
16:43 heure coucher soleil
14:20 heure lever lune
05:52 heure coucher lune

Dimanche 16

Divinité du jour :
Concorde, déesse du Paganisme, Rome

07:34 heure lever soleil
16:45 heure coucher soleil
15:09 heure lever lune
06:47 heure coucher lune

semaine du 17 au 23 janvier

Lundi 17

PLEINE LUNE

Œuvre du jour :
A Visit to the Witch, Edward Frederick Brewtnall, 1882

07:33 heure lever soleil
16:46 heure coucher soleil
16:06 heure lever lune
07:36 heure coucher lune

Mardi 18

07:32 heure lever soleil
16:47 heure coucher soleil
17:08 heure lever lune
08:17 heure coucher lune

Mercredi 19

Personnalité du jour :
Dorothy Clutterbuck,
membre du New Forest Coven

07:32 heure lever soleil
16:49 heure coucher soleil
18:15 heure lever lune
08:50 heure coucher lune

Jeudi 20

Calendrier des arbres :
Mois de Luis – Sorbier, 1er jour

07:31 heure lever soleil
16:50 heure coucher soleil
19:23 heure lever lune
09:18 heure coucher lune

Vendredi 21

Signe du jour :
Verseau (1er jour)
Élément Air

07:30 heure lever soleil
16:51 heure coucher soleil
20:32 heure lever lune
09:42 heure coucher lune

Samedi 22

Divinité du jour :
Mercure, dieu du Commerce et des Voleurs, Rome

07:29 heure lever soleil
16:53 heure coucher soleil
21:41 heure lever lune
10:03 heure coucher lune

Dimanche 23

07:29 heure lever soleil
16:54 heure coucher soleil
22:52 heure lever lune
10:23 heure coucher lune

Étude des plantes

Ces pages sont dédiées aux plantes, comme vous vous en doutez. Faites attention si jamais vous voulez récolter des fleurs, feuilles ou racines, certaines sont protégées car rares. Il vaut mieux de bonnes photos annotées qu'une espèce de plus qui disparaît de notre planète, non ? Pensez à noter le lieu où vous avez identifié le spécimen, l'aspect de la plante dans son ensemble (pétales, feuilles, racines si possible, etc.) et à vérifier sa toxicité. Vous pouvez les scotcher où vous le souhaitez ici, ou encore faire un carnet d'étude à part dédié aux plantes.

NOM COMMUN

....

NOM LATIN

....

FAMILLE

....

DATE DE L'ÉTUDE

........./........./.........

GENRE

....

PHASE DE LA LUNE

○ ....

PLANÈTE

....

DÉITÉS ASSOCIÉES

....

....

PROPRIÉTÉS ET CORRESPONDANCES

....

....

....

....

....

....

PROPRIÉTÉS EN HERBORISTERIE, DIFFÉRENTES UTILISATIONS (RACINES, FEUILLES, TIGES...)

Lundi 24

Célébration du jour :
Feriae Sementivae,
fête des semences, Rome

07:28	heure lever soleil
16:55	heure coucher soleil
--:--	heure lever lune
10:43	heure coucher lune

Mardi 25

DERNIER QUARTIER

07:27	heure lever soleil
16:57	heure coucher soleil
00:04	heure lever lune
11:06	heure coucher lune

Mercredi 26

Personnalité du jour :
Robert Burns, poète écossais très inspiré par la nature

07:26	heure lever soleil
16:58	heure coucher soleil
01:19	heure lever lune
11:32	heure coucher lune

Jeudi 27

Œuvre du jour :
The Love Potion,
Evelyn De Morgan, 1903

07:25	heure lever soleil
17:00	heure coucher soleil
02:38	heure lever lune
12:04	heure coucher lune

Vendredi 28

Personnalité du jour :
Agnes Sampson, guérisseuse écossaise accusée lors du procès de North Berwick, 1591

07:24	heure lever soleil
17:01	heure coucher soleil
03:57	heure lever lune
12:45	heure coucher lune

Samedi 29

Célébration du jour :
Up Helly Aa, procession
avec flambeau, Écosse

07:23	heure lever soleil
17:02	heure coucher soleil
05:13	heure lever lune
13:39	heure coucher lune

Dimanche 30

Série du jour :
Un soupçon de magie,
série doudou pour ma part !

07:22	heure lever soleil
17:04	heure coucher soleil
06:21	heure lever lune
14:45	heure coucher lune

Lundi 31

Personnalité du jour :
Zsuzsanna Budapest, fondatrice de la Wicca dianique

07:21	heure lever soleil
17:05	heure coucher soleil
07:15	heure lever lune
16:01	heure coucher lune

Inviter le Sacré

Lorsque la mode des spells jars est arrivée, je n'ai pas été plus intelligente que les autres et j'ai levé les yeux au ciel, en me disant que s'il suffisait de mettre des ingrédients dans une petite fiole pour être spirituel, cela se saurait. En 2021, j'ai cultivé la nuance et j'ai arrêté de me croire plus maligne que je ne le suis. Il arrive à tout le monde d'être idiot ou d'avoir un jugement hâtif, la seule chose, c'est qu'il faut le reconnaître et en tirer des leçons. L'inconfort et la vulnérabilité sont des maîtres incomparables.

La spiritualité et le quotidien ne sont pas forcément deux choses séparées, mais je ne comprenais pas quelle serait la différence entre remplir une spell jar et son pot de sel par exemple. Athenaelle E.Z, avec qui j'échangeais à ce sujet m'a regardée de ses yeux pétillants de sagesse et m'a demandé avec innocence : « Pourquoi remplir son pot de sel ne serait-il pas sacré ? ». Elle avait raison, cela m'a fait noircir des pages et des pages de journal pour comprendre finalement : que signifie ce mot qu'on utilise presque de manière banale malgré sa signification ? Le sacré.

Nous pourrions nous baser exclusivement sur ce que les plus anciens nous disent concernant ces définitions, mais s'il y a des personnes incroyables dans le milieu, il y a aussi des personnes qui ne sont que des humains, finalement. Une autre leçon apprise cette année, c'est que le temps fait plus de vieux que de sages. On est tous le jeune con de quelqu'un, mais c'est à nous de décider si nous voulons être le vieux con des autres. Pour trouver vos réponses, je vous propose trois questions :

- Quels sont les ingrédients d'une expérience sacrée pour vous ?
- Quelles sont les caractéristiques qui rendent un objet sacré pour vous ?
- Quels sont les spécificités d'une action sacrée ou spirituelle pour vous ?

Février

L	M	M	J	V	S	D
	1	2	3	4	5	6
7	8	9	10	11	12	13
14	15	16	17	18	19	20
21	22	23	24	25	26	27
28						

PHASES LUNAIRES

1 • nouvelle lune
8 • premier quart
16 • pleine lune
23 • dernier quart

AFFIRMATION OU CITATION DU MOIS

IMPORTANT

CUISINER DE SAISON

ail • betterave • carotte • chou de Bruxelles • céleri • endive • frisée • mâche • navet • oignon • panais • poireau • pomme de terre • radis • salsifi • topinambour • épinard

citron • clémentine • kiwi • mandarine • orange • pamplemousse • poire • pomme

Février

Lundi	Mardi	Mercredi
	1 nouvelle lune	2
7	8 premier quartier	9
14	15	16 pleine lune
21	22	23 dernier quartier
28		

Jeudi	Vendredi	Samedi	Dimanche
3	4	5	6
10	11	12	13
17	18	19	20
24	25	26	27

Traqueur d'humeur du mois

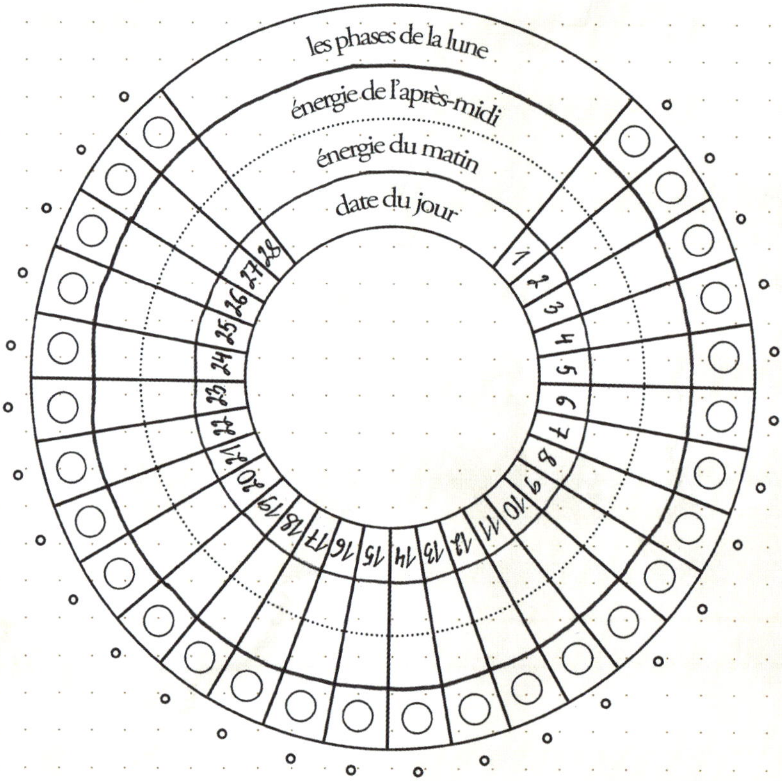

Je suis d'humeur…

☐ positive	☐ créative	☐
☐ neutre	☐ spirituelle	☐
☐ négative	☐ angoissée	☐

Tirage du mois

Voici le tirage général du mois. Il est possible de le faire avec un oracle ou un tarot, cela n'a pas d'importance. Si des lames « sautent » du jeu pendant que vous les battez, mettez-les de côté et gardez-les pour les interpréter à part.

DATE DE L'ÉTUDE

........./........./.........

ORACLE OU TAROT UTILISÉ

....

....

PHASE DE LA LUNE

○ ....

☐ Tirage avec les lames à l'envers

Ce qui m'attend ce mois-ci

Ce que je dois éviter

Ce sur quoi je dois me concentrer

MOTS-CLÉS

....

....

....

....

ANALYSE DU TIRAGE

.......arcanes majeurs ....arcanes mineurs

.......lames à l'endroit ....lames à l'envers

☐ Deniers ☐ Épées

☐ Bâtons ☐ Coupes

INTERPRÉTATION DU TIRAGE

RÉSUMÉ

Réflexion de la semaine

Quelles sont les valeurs que vous souhaitez cultiver et inviter dans votre vie ? Vos actes, pensées et paroles sont-ils alignés et manifestent-ils vos désirs ? À qui servent ces valeurs ? Seulement à vous ou aussi aux autres ?

Mardi 1er

NOUVELLE LUNE

Sabbat du jour :
Imbolc, fête religieuse d'origine irlandaise

07:19	heure lever soleil
17:07	heure coucher soleil
07:58	heure lever lune
17:22	heure coucher lune

Mercredi 2

Pratique du jour :
Bibliomancie

07:18	heure lever soleil
17:08	heure coucher soleil
08:31	heure lever lune
18:41	heure coucher lune

Jeudi 3

Célébration du jour :
Setsubun, fin de l'hiver, dans la tradition mame-maki, Japon

07:17	heure lever soleil
17:09	heure coucher soleil
08:57	heure lever lune
19:57	heure coucher lune

Vendredi 4

Célébration du jour :
King Frost Day,
Londres

07:16	heure lever soleil
17:11	heure coucher soleil
09:19	heure lever lune
21:09	heure coucher lune

Samedi 5

Personnalité du jour :
Phronesis, co-créatrice du NoxLux Oracle (avec AshColoured), prêtresse de la Morrigan, France

07:15	heure lever soleil
17:12	heure coucher soleil
09:40	heure lever lune
22:19	heure coucher lune

Dimanche 6

07:13	heure lever soleil
17:14	heure coucher soleil
09:59	heure lever lune
23:26	heure coucher lune

Créer son calendrier sacré à l'écoute du monde et de soi

Si vous êtes un·e citadin·e comme moi, vous avez peut-être du mal à vous dire que l'on peut se connecter à la nature. Lorsque l'on débute, ou bien par réflexe, nous avons tendance à regarder dans nos livres et outils pour trouver les dates et repères de la sorcière, habitué·e·s à la structure wiccane qui s'est beaucoup popularisée aussi bien chez les païen·ne·s que les sorcières. Pourtant, nos amis du Canada, de Martinique ou de Guadeloupe savent bien que les dates populaires des sabbats n'ont pas grand sens quand on est aussi loin géographiquement de l'Angleterre ! Fêter le retour du printemps lorsque l'on est sous 60 centimètres de neige ou fêter l'arrivée du solstice d'hiver quand le temps est bon et que le ciel est bleu, cela est souvent bien difficile et semble incohérent.

Vous pourriez tout à fait adapter vos célébrations, créer votre propre roue de l'année. Reprenons l'exemple de la Martinique : il existe deux grandes saisons, la saison sèche de décembre à avril et la saison humide de juin à novembre. Repérez les saisons, la végétation, mais aussi les émotions et humeurs générales. Observez et, si vous le désirez, notez vos remarques dans votre journal de pratique. N'oubliez pas qu'une célébration n'est pas forcément sur une seule journée mais peut aussi se faire sur plusieurs jours. Soyez créatif·ve, tout est permis !

Lors de l'étude du livre *Itinéraire païen* d'Alaric Albertsson (Éditions Danaé) dans le club de lecture sorcier, notre invitée Lyra Ceoltoir nous avait offert d'autres pistes pour créer notre propre calendrier païen :

- regarder les dates nationales qui comptent pour nous ;
- nos dates personnelles (date de naissance, grandes décisions qui ont changé notre vie, événements marquants,...), etc. ;
- les dates importantes par rapport à nos croyances.

À VOUS DE JOUER !

Lundi 7

Personnalité du jour :
Lyra Ceoltoir, sorcière dite « Herbwitch », mélangeant druidisme, folklores celte et slave, France

07:12	heure lever soleil
17:15	heure coucher soleil
10:20	heure lever lune
--:--	heure coucher lune

Mardi 8

PREMIER QUARTIER

07:11	heure lever soleil
17:17	heure coucher soleil
10:42	heure lever lune
00:32	heure coucher lune

Mercredi 9

Divinité du jour :
Apollon, Grèce

07:09	heure lever soleil
17:18	heure coucher soleil
11:07	heure lever lune
01:37	heure coucher lune

Jeudi 10

Pierre du jour :
Hématite

07:08	heure lever soleil
17:20	heure coucher soleil
11:38	heure lever lune
02:41	heure coucher lune

Vendredi 11

Personnalité du jour :
Morrnah Nalamaku Simeona, kahuna lapa'au qui enseigna une version modernisée du ho'oponopono, Hawaï

07:06	heure lever soleil
17:21	heure coucher soleil
12:16	heure lever lune
03:42	heure coucher lune

Samedi 12

Personnalité du jour :
Gerald Gardner, fondateur de la Wicca moderne

07:05	heure lever soleil
17:22	heure coucher soleil
13:01	heure lever lune
04:40	heure coucher lune

Dimanche 13

Célébration du jour :
Parantalia, 13 au 22, fête des ancêtres, Rome

07:04	heure lever soleil
17:24	heure coucher soleil
13:55	heure lever lune
05:31	heure coucher lune

Lundi 14

Œuvre du jour :
Liebeszauber, Love Magic or The Love Spell, peintre inconnu

07:02	heure lever soleil
17:25	heure coucher soleil
14:57	heure lever lune
06:15	heure coucher lune

Mardi 15

Célébration du jour :
Lupercalia, fêtes dédiées à Faunus, Rome

07:01	heure lever soleil
17:27	heure coucher soleil
16:03	heure lever lune
06:51	heure coucher lune

Mercredi 16

PLEINE LUNE

Calendrier des arbres :
Nion – Frêne, 1er jour

06:59	heure lever soleil
17:28	heure coucher soleil
17:12	heure lever lune
07:21	heure coucher lune

Jeudi 17

Déesse du jour :
Fornax, déesse des Fours, Rome

06:57	heure lever soleil
17:30	heure coucher soleil
18:22	heure lever lune
07:46	heure coucher lune

Vendredi 18

Personnalité du jour :
Sybil Leek, sorcière anglaise, astrologue et auteure ésotérique

06:56	heure lever soleil
17:31	heure coucher soleil
19:33	heure lever lune
08:08	heure coucher lune

Samedi 19

06:54	heure lever soleil
17:32	heure coucher soleil
20:43	heure lever lune
08:29	heure coucher lune

Dimanche 20

Signe du jour :
Poissons (1er jour)
Élément Eau

06:53	heure lever soleil
17:34	heure coucher soleil
21:55	heure lever lune
08:49	heure coucher lune

Étude des lames

Ces pages sont pensées pour les tarots, mais vous pouvez tout aussi bien les adapter pour les oracles. Vous trouverez ici un nombre limité de ces pages, cependant vous pouvez vous rendre sur mon blog et télécharger des pages supplémentaires à imprimer ! Vous pouvez les scotcher où vous le souhaitez ici, ou encore faire un carnet d'étude dédié aux cartes à côté.

Ici, vous pouvez imprimer et coller une image de la lame

DATE DE L'ÉTUDE

....

LAME ÉTUDIÉE

....

DIFFÉRENCES ENTRE MES DECKS

....

....

....

....

INTERPRÉTATION DE LA LAME TIRÉE À L'ENDROIT

....

....

....

....

....

INTERPRÉTATION DE LA LAME TIRÉE À L'ENVERS

....

....

....

....

....

RESSENTI PERSONNEL VIS-À-VIS DE LA LAME

MES JEUX COMPRENANT CETTE LAME ET LEURS DIFFÉRENCES

CETTE LAME EST SORTIE LORS DES TIRAGES SUIVANTS

Lundi 21

Personnalité du jour :
Patricia Telesco, auteure et prêtresse wiccane, États-Unis

06:51	heure lever soleil
17:35	heure coucher soleil
23:10	heure lever lune
09:11	heure coucher lune

Mardi 22

Personnalité du jour :
Narcessya, sorcière rêveuse et libre naviguant avec passion dans la chaos magick, France

06:49	heure lever soleil
17:37	heure coucher soleil
--:--	heure lever lune
09:35	heure coucher lune

Mercredi 23

DERNIER QUARTIER

Célébration du jour :
Terminalia, jour de clôture de l'année religieuse, Rome

06:48	heure lever soleil
17:38	heure coucher soleil
00:26	heure lever lune
10:04	heure coucher lune

Jeudi 24

Œuvre du jour :
The Necromancer,
Angelo Caroselli, 1600

06:46	heure lever soleil
17:39	heure coucher soleil
01:44	heure lever lune
10:41	heure coucher lune

Vendredi 25

Découverte du jour :
Ondes radio, XIXe siècle
Heinrich Hertz et James Clerk Maxwell

06:44	heure lever soleil
17:41	heure coucher soleil
02:59	heure lever lune
11:28	heure coucher lune

Samedi 26

Personnalité du jour :
Ophis Phosphoros, occultiste travaillant sur l'hermétisme, la Rose-Croix et l'ésotérisme chrétien, France

06:43	heure lever soleil
17:42	heure coucher soleil
04:08	heure lever lune
12:28	heure coucher lune

Dimanche 27

06:41	heure lever soleil
17:43	heure coucher soleil
05:06	heure lever lune
13:38	heure coucher lune

Lundi 28

Personnalité du jour :
Patricia Telesco, auteure et prêtresse wiccane, États-Unis

06:39 heure lever soleil
17:45 heure coucher soleil
05:52 heure lever lune
14:56 heure coucher lune

Pratiquer hors des réseaux sociaux pour cultiver sa pratique pour soi

Lors d'une discussion avec une amie, elle m'a fait part de sa surprise : une personne qu'elle côtoie depuis de nombreuses années l'a invitée à faire les cartons pour son déménagement et stupeur, beaucoup de matériel sorcière était à emballer. « C'est fou, tu n'en parles jamais ! » a alors déclarée mon amie, ce à quoi l'intéressée a répondu « oui, je n'éprouve pas le besoin d'en parler, c'est mon jardin rien qu'à moi, mais je peux le faire avec plaisir parfois ! ».

Oui, on l'oublie souvent, mais nous ne sommes pas obligés de tout partager avec tout le monde, surtout quand il s'agit de nos croyances. Si l'on regarde bien, instinctivement, nous ne parlons pas de tout avec tout le monde : nous avons nos amis fans de musique, de jeux vidéo, de cuisine, de soirées cocktails sur de la pop à hurler des paroles massacrées. Tout le monde n'est pas sensible à tous les domaines, pourquoi vouloir parler de nos croyances avec tout le monde ? Que cherchons-nous à combler ou à exprimer ? Lorsqu'il s'agit de quelque chose d'aussi intime que la spiritualité, ces questions sont très précieuses et permettent d'en apprendre plus sur nous-même. Il est tout à fait possible de garder sa pratique non pas forcément secrète, mais simplement personnelle, pour le plaisir d'avoir un espace à soi, une sorte de jardin où l'on peut être en paix loin des bruits du monde.

POURQUOI EXPOSER SA PRATIQUE SUR LES RÉSEAUX ?

- je me sens seul·e et aimerais créer du lien avec d'autres pratiquants ;
- être visible m'oblige à pratiquer régulièrement ;
- j'ai envie d'avoir une trace de mon évolution ;
- je manque de confiance en ma pratique ;
- partager m'aide à rassembler mes idées ;
- faire découvrir de nouvelles ressources.

Pourquoi ne pas faire un tirage pour comprendre d'où vient cette envie ?

Mars

L	M	M	J	V	S	D
	1	2	3	4	5	6
7	8	9	10	11	12	13
14	15	16	17	18	19	20
21	22	23	24	25	26	27
28	29	30	31			

PHASES LUNAIRES

2 • nouvelle lune
10 • premier quart
18 • pleine lune
25 • dernier quart

AFFIRMATION OU CITATION DU MOIS

IMPORTANT

CUISINER DE SAISON

ail • asperge • betterave • blette • carotte • chou • chou de Bruxelles • chou-fleur • céleri • endive • frisée • navet • oignon • panais • poireau • pomme de terre • radis • salsifi • topinambour • épinard

citron • clémentine • kiwi • mandarine • orange • pamplemousse • poire • pomme

Mars

Lundi	Mardi	Mercredi
	1	2 nouvelle lune
7	8	9
14	15	16
21	22	23
28	29	30

Jeudi	Vendredi	Samedi	Dimanche
3	4	5	6
10 premier quartier	11	12	13
17	18 pleine lune	19	20
24	25 dernier quartier	26	27
31			

Traqueur d'humeur du mois

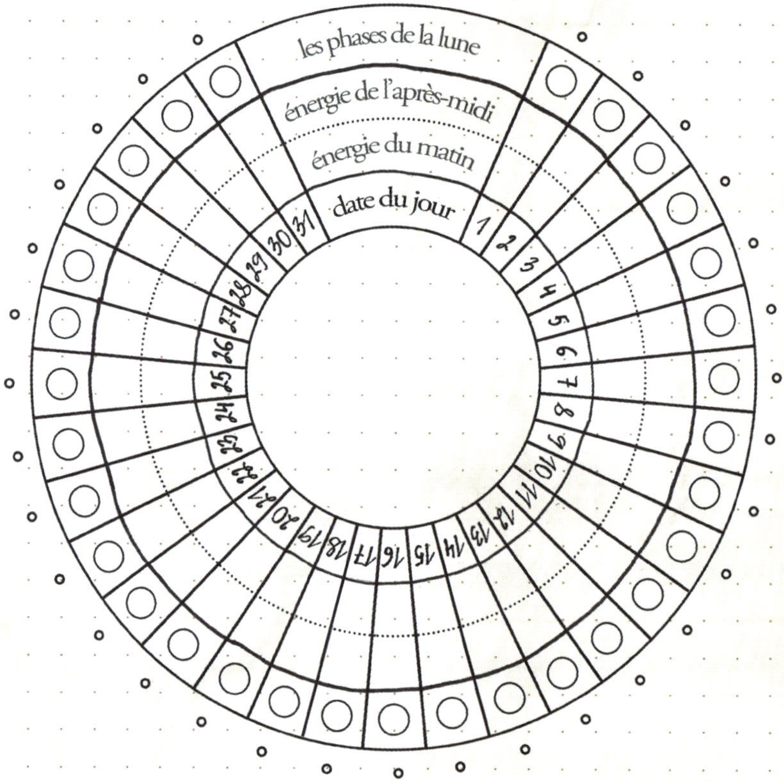

Je suis d'humeur…

- ☐ positive
- ☐ neutre
- ☐ négative
- ☐ créative
- ☐ spirituelle
- ☐ angoissée
- ☐
- ☐
- ☐

Tirage du mois

Voici le tirage général du mois. Il est possible de le faire avec un oracle ou un tarot, cela n'a pas d'importance. Si des lames « sautent » du jeu pendant que vous les battez, mettez-les de côté et gardez-les pour les interpréter à part.

DATE DE L'ÉTUDE

………/………/………

ORACLE OU TAROT UTILISÉ

……………………………………………………………………

……………………………………………………………………

PHASE DE LA LUNE

○ ……………………

☐ Tirage avec les lames à l'envers

Ce qui m'attend ce mois-ci

Ce que je dois éviter

Ce sur quoi je dois me concentrer

MOTS-CLÉS

……………………………

……………………………

……………………………

……………………………

ANALYSE DU TIRAGE

…….arcanes majeurs …….arcanes mineurs

…….lames à l'endroit …….lames à l'envers

☐ Deniers ☐ Épées

☐ Bâtons ☐ Coupes

INTERPRÉTATION DU TIRAGE

RÉSUMÉ

Astuce de sorcière

On peut être tenté de se dire : « Si ce n'est pas grandiose ou que je n'ai pas l'énergie, je ne fais pas. » Pourtant il suffit souvent d'un « merci » ou « joyeux sabbat », les mains sur le cœur et les yeux fermés, pour vivre un petit moment magique.

♓ Mardi 1er

Divinité du jour :
Lucine, déesse de Lumière et de la Venue au monde, Rome

06:38	heure lever soleil
17:46	heure coucher soleil
06:27	heure lever lune
16:15	heure coucher lune

♓ Mercredi 2

NOUVELLE LUNE

06:36	heure lever soleil
17:48	heure coucher soleil
06:56	heure lever lune
17:32	heure coucher lune

♓ Jeudi 3

Divinité du jour :
Ægir, géant de la mythologie nordique, personnification de la mer.

06:34	heure lever soleil
17:49	heure coucher soleil
07:20	heure lever lune
18:47	heure coucher lune

♈ Vendredi 4

Pierre du jour :
Ambre

06:32	heure lever soleil
17:50	heure coucher soleil
07:41	heure lever lune
19:58	heure coucher lune

♈ Samedi 5

Œuvre du jour :
The Sorceress,
Jan Van de Velde II

06:30	heure lever soleil
17:52	heure coucher soleil
08:01	heure lever lune
21:08	heure coucher lune

♉ Dimanche 6

Personnalité du jour :
Laurie Cabot, auteure et fondatrice du Cabot Tradition of the Science of Witchcraft, États-Unis

06:29	heure lever soleil
17:53	heure coucher soleil
08:21	heure lever lune
22:15	heure coucher lune

Bâtir une nouvelle maison émotionnelle

Avez-vous déjà entendu parler de ces familles qui, malgré les ouragans et autres catastrophes, continuent de rebâtir leur maison au même endroit ? Nous pourrions les penser idiots ou fous, mais ils sont tout le contraire : ils sont bien conscients que ce lieu, ce n'est pas seulement leur maison, c'est leur foyer. Ce lieu est celui où ils veulent se réfugier quand la vie n'est pas tendre, c'est aussi celui dans lequel ils ont grandi et dans lequel ils ont envie de voir ceux qu'ils aiment. Ce foyer n'est peut-être pas dans un lieu idéal, mais c'est celui que l'on a. Il se trouve que ce foyer, nous le retrouvons aussi à l'intérieur de nous, sous le nom de zone de confort, terme que je n'apprécie pas, car cette zone est rarement confortable (comme construite à côté d'un volcan), mais à l'instar du foyer, on la connaît et c'est mieux que rien. Et si nous décidions de créer un autre foyer émotionnel ?

FAIRE L'ÉTAT DES LIEUX

Pour comprendre sa zone de connu émotionnelle, prenez un temps de réflexion : quand vous avez une émotion vive, une situation d'urgence ou un besoin de prendre une décision rapide, quelle est votre première réaction ? Pour certains, cela va être la colère, d'autres les larmes d'angoisse ou de peur, éclater de rire, l'indécision… En général, c'est un excellent point de départ pour aller à notre rencontre. J'aimerais en profiter pour souligner quelque chose qu'on a tendance à oublier à une époque où certains prônent la positivité à tout va : il n'y a pas de bonne ou de mauvaise émotion. La seule question qui compte vraiment est la suivante : l'émotion qui est votre maison est-elle au service de votre vie, ou vous sabote-t-elle pour vous conforter dans vos croyances limitantes ?

L'HÉRITAGE

Votre maison émotionnelle commence sa construction dans l'enfance : un foyer où les parents hurlent sans cesse, où les comportements sont chaotiques, voire toxiques, peuvent laisser des traces, tout comme un foyer où les parents communiquent dans le calme, où chacun est concerté lorsqu'il y a une décision à prendre ou que la maison est rangée. Aucune famille, aucun foyer n'est parfait, mais certaines marques se retrouvent dans notre comportement en tant qu'adultes, cultivés par réflexe, parce que c'est tout ce que nous connaissons ou simplement parce que cela représente le fonctionnement normal pour nous.

Travail, to-do list, surmenages et burn out sont actuellement ma maison émotionnelle. Quand je me sens perdue dans la vie, je me réfugie dans le travail, ce qui, couplé avec ma passion pour la création, donne un cocktail explosif. Cet héritage ne me vient pas de mes parents, mais de mes enseignants : enfant, ma maison émotionnelle était la rêverie et l'écriture de contes, ce qui n'était pas très bon pour mes notes. Plusieurs professeurs m'ont répété dans ma scolarité que lorsque je ne suis pas bien ou que je ne sais pas quoi faire, alors le mieux c'est de travailler : travailler n'est jamais perdu. Cela s'est greffé dans mon esprit et la vie n'ayant pas toujours été tendre, le travail est devenu ma maison émotionnelle.

REDESSINER LES PLANS

Qui aurait envie d'une maison qui ressemble à un bureau de campagne électorale, avec des papiers collés partout au mur, des gens qui braillent au téléphone et des télés allumées sans interruption ? Personne, et pourtant, c'est la mienne. Enfin, c'était la mienne. Je suis en train de déménager : je dessine les plans pour ma prochaine maison, je fais mes bagages, je réalise vite le tour de la maison que je m'apprête à quitter. Et vous ? Prêt à déménager ?

LA NÉGATION DES ÉMOTIONS

La fausse positivité est un concept très répandu, notamment à cause d'une croyance qui nous explique qu'en se concentrant sur des pensées positives ou des pensées négatives, les gens peuvent apporter des expériences positives ou négatives dans leur vie. Cette vision est trop simple pour exprimer une complexité cachée : faire preuve de résilience ne s'apprend pas en étouffant nos émotions sous des listes de gratitudes ou de pensées positives. D'après le docteur Susan David, aucune étude n'a démontré pour le moment que faire semblant d'être heureux rende réellement heureux. Cependant, il a été démontré qu'enfermer ses émotions peut créer de la dépression.

Les émotions sont des réactions et processus complexes qui cherchent à attirer notre attention sur quelque chose à l'intérieur ou à l'extérieur de nous. Si vous vous sentez bloqué·e ou que vous vous sentez submergé·e, n'hésitez pas à vous renseigner auprès de professionnels qui sont à même de vous accompagner dans cette écoute et libération, cela peut changer une vie !

TIRAGE DE LA MAISON ÉMOTIONNELLE

Comment s'organise votre maison ? N'hésitez pas à bouger et à changer ce tirage en fonction de votre maison émotionnelle ; ici je vous propose un tirage basé sur la mienne (voir illustration page suivante). J'aimerais que vous fermiez les yeux, votre jeu de cartes en main (de préférence un tarot, mais vous pouvez utiliser un oracle) et que vous imaginiez une version de vous qui agit plutôt que de réagir dans la vie, qui a trouvé son équilibre, avec des moments de joies et des moments plus difficiles, mais qui retrouve toujours sa stabilité. C'est cet état que nous allons chercher dans votre maison, pour comprendre de quel matériau elle est faite ! Il est possible de faire une première fois ce tirage pour un état des lieux actuel.

1. L'ENTRÉE — Ma manière de me présenter au monde. C'est un peu votre identité humaine : comment voulez-vous être perçu·e ? Dynamique, calme, élégant·e, social·e, fêtard·e, etc.

2. BUANDERIE — Ma gestion des tâches du quotidien. Fée du logis, maison minimaliste pour un ménage expédié ou encore astucieux·se en engageant quelqu'un pour vous aider sur cette tâche ?

3. SALLE À MANGER — Mon alimentation. Quels sont les critères qui me semblent essentiels pour que je puisse me nourrir correctement ? Êtes-vous du genre à faire des réserves ou à acheter régulièrement frais ?

4. SALON — Mes interactions avec les autres. Ai-je besoin d'être régulièrement entouré·e ? Est-ce que j'aime être seul·e ? Quelle est ma place dans un groupe ?

5. CHAMBRE — Mon besoin de sommeil et intimité. Quel·le dormeur·se suis-je ? Ai-je un besoin d'intimité et proximité avec mon corps ou celui d'un·e autre ?

6. BUREAU — Ma capacité de travail. Quel investissement me semble idéal dans mon travail ? Nous ne pouvons pas toujours choisir, mais on peut adapter.

7. SALLE DE BAIN — Mon hygiène physique. Quels sont mes besoins non négociables concernant l'hygiène pour me sentir bien, même pour un marathon Netflix ?

TU ES SUR LE POINT D'EMMÉNAGER, ORGANISE TON INTÉRIEUR

Nous avons appris ce dont nous avions besoin pour que notre maison émotionnelle puisse avoir de solides fondations, mais aussi pour qu'elle puisse nous accompagner dans les moments où tout va bien (la saison des barbecues dans le jardin), mais aussi dans ceux où l'on a l'impression que tout va mal (la saison où l'on regarde l'intégrale de sa série préférée en boule dans le canapé). Pour trouver l'équilibre, l'idéal est de faire un plan à suivre : lorsque l'on doute, qu'on est fatigué ou que des vieux travers grattent à la porte, le plan a toute son utilité pour continuer à cultiver ce dont on a réellement besoin. Je vous conseille d'établir trois niveaux d'aménagement en fonction de votre énergie disponible. Vouloir faire ses vitres une fois par semaine est parfait si vous êtes en parfaite santé et motivé·e, mais avec 40° C de fièvre, une peine de cœur ou un imprévu difficile à gérer, il vaut mieux avoir un plan B.

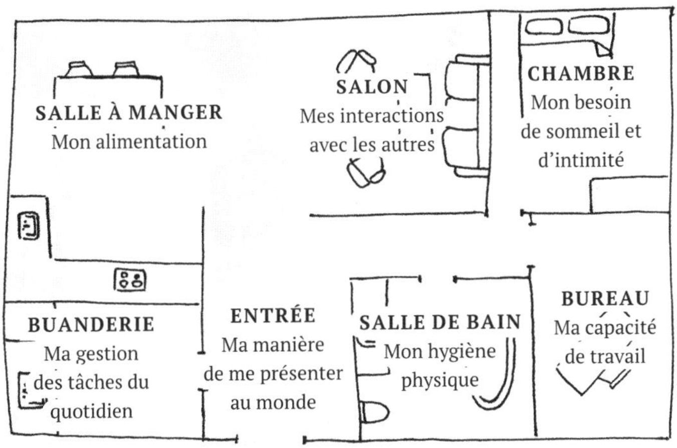

APPRENDRE À PRIORISER, MAIS AUSSI À DEMANDER

Dans ma maison émotionelle, la salle à manger et le salon sont ouverts : j'aime inviter les gens à manger, créer des moments d'échanges qui nourrissent l'esprit et le corps. Lorsque je suis en forme, je vais au verger et je cuisine tout de saison, bio et local : c'est mon plan A. Lorsque la vie est un peu remuante, je fais mes courses au marché, c'est mon plan B. Si je suis prise dans le tourbillon de la vie, je commande un panier de course tout prêt avec des recettes pour mon plan C. Et si vraiment c'est le chaos, alors c'est plat livré ! Une maison émotionnelle doit permettre de la souplesse, sinon elle sera trop fragile. Je sais par exemple que le bureau et la chambre sont des pièces collées dans ma maison, parce que si je ne dors pas assez, je travaille moins bien, et que si je travaille trop, mon sommeil en pâtit. Si vous n'habitez pas seul·e, n'hésitez pas à faire une réunion « plan de maison » pour comprendre les besoins de chacun, vous serez plus apte à veiller les uns sur les autres et à créer un espace agréable pour tous.

Lundi 7

Film du jour :
The Last Keepers, un film sur une famille païenne avec des capacités transmises entre générations

06:27 heure lever soleil
17:54 heure coucher soleil
08:42 heure lever lune
23:22 heure coucher lune

Mardi 8

Découverte du jour :
Trous noirs, 1916,
Karl Schwarzschild

06:25 heure lever soleil
17:56 heure coucher soleil
09:07 heure lever lune
--:-- heure coucher lune

Mercredi 9

Divinité du jour :
Mars, dieu de la Guerre,
Rome antique

06:23 heure lever soleil
17:57 heure coucher soleil
09:35 heure lever lune
00:28 heure coucher lune

Jeudi 10

PREMIER QUARTIER

06:21 heure lever soleil
17:58 heure coucher soleil
10:10 heure lever lune
01:31 heure coucher lune

Vendredi 11

Divinité du jour :
Héraclès, personnification de la force,
Grèce antique

06:20 heure lever soleil
18:00 heure coucher soleil
10:52 heure lever lune
02:31 heure coucher lune

Samedi 12

Outil du jour :
Fleurs séchées

06:18 heure lever soleil
18:01 heure coucher soleil
11:43 heure lever lune
03:24 heure coucher lune

Dimanche 13

06:16 heure lever soleil
18:02 heure coucher soleil
12:42 heure lever lune
04:10 heure coucher lune

semaine du 14 au 20 mars

Lundi 14

Arbre du jour :
Bouleau

06:14 heure lever soleil
18:03 heure coucher soleil
13:47 heure lever lune
04:49 heure coucher lune

Mardi 15

Œuvre du jour :
Morgan-le-Fay,
Frederick Sandys, 1863

06:12 heure lever soleil
18:05 heure coucher soleil
14:55 heure lever lune
05:21 heure coucher lune

Mercredi 16

Personnalité du jour :
Lord Gwyddion, fondateur de la New-York Wica Tradition, États-Unis

06:10 heure lever soleil
18:06 heure coucher soleil
16:06 heure lever lune
05:48 heure coucher lune

Jeudi 17

Divinité du jour :
Libera, déesse de la Vigne, du Vin et de la Fécondité, Rome

06:08 heure lever soleil
18:07 heure coucher soleil
17:17 heure lever lune
06:12 heure coucher lune

Vendredi 18

PLEINE LUNE

Calendrier des arbres :
Fearn – Aulne, 1er jour

06:07 heure lever soleil
18:09 heure coucher soleil
18:29 heure lever lune
06:33 heure coucher lune

Samedi 19

06:05 heure lever soleil
18:10 heure coucher soleil
19:43 heure lever lune
06:54 heure coucher lune

Dimanche 20

Célébration du jour :
Ostara, fête païenne
de l'équinoxe du printemps

06:03 heure lever soleil
18:11 heure coucher soleil
20:58 heure lever lune
07:15 heure coucher lune

Étude des cristaux

Les pierres fascinent beaucoup de pratiquants par leur diversité, mais aussi par leur côté mystérieux : il faut creuser profondément la terre (le plus souvent à coup de dynamite) pour aller chercher ces trésors naturels qui mettent pour la plupart des milliards d'années à se former. Voici un espace pour les étudier !

NOM COMMUN

....

NOMS SECONDAIRES

....

CHAKRAS

....

SIGNE ZODIACAL/PLANÈTE

....

ASPECT ET PARTICULARITÉS

....

....

....

....

....

PURIFICATION

....

ENTRETIEN

....

DYNAMISATION

....

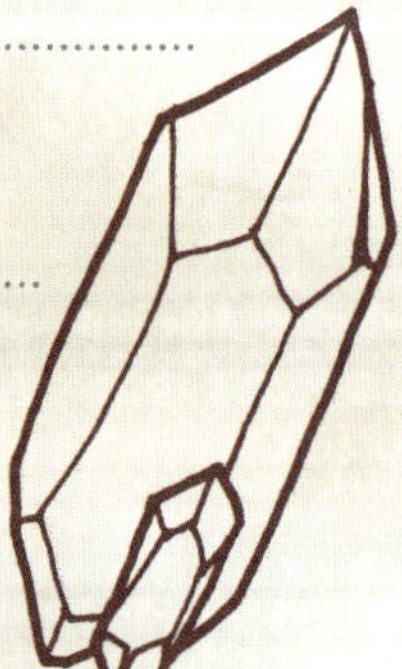

PROPRIÉTÉS, NOTES, REMARQUES ET USAGES

Lundi 21

Signe du jour :
Bélier (1er jour)
Élément Feu

06:01 heure lever soleil
18:13 heure coucher soleil
22:15 heure lever lune
07:38 heure coucher lune

Mardi 22

05:59 heure lever soleil
18:14 heure coucher soleil
23:34 heure lever lune
08:06 heure coucher lune

Mercredi 23

Découverte du jour :
Fission nucléaire, 1939
Lise Meitner et Otto Hahn

05:57 heure lever soleil
18:15 heure coucher soleil
--:-- heure lever lune
08:40 heure coucher lune

Jeudi 24

Œuvre du jour :
Circe, Wright Barker,
1864-1941

05:55 heure lever soleil
18:16 heure coucher soleil
00:51 heure lever lune
09:24 heure coucher lune

Vendredi 25

DERNIER QUARTIER

05:53 heure lever soleil
18:18 heure coucher soleil
02:02 heure lever lune
10:19 heure coucher lune

Samedi 26

Personnalité du jour :
Joseph Campbell, mythologue,
professeur et écrivain américain

05:52 heure lever soleil
18:19 heure coucher soleil
03:02 heure lever lune
11:25 heure coucher lune

Dimanche 27

Série du jour :
Requiem, enquête et suspens se mettent en place comme un rêve dans cette série

05:50 heure lever soleil
18:20 heure coucher soleil
03:51 heure lever lune
12:39 heure coucher lune

Lundi 28

05:48 heure lever soleil
18:21 heure coucher soleil
04:28 heure lever lune
13:56 heure coucher lune

Mardi 29

Pierre du jour :
Apophyllite

05:46 heure lever soleil
18:23 heure coucher soleil
04:58 heure lever lune
15:13 heure coucher lune

Mercredi 30

Divinité du jour :
Concorde, déesse de l'Harmonie, Rome antique

05:44 heure lever soleil
18:24 heure coucher soleil
05:22 heure lever lune
16:27 heure coucher lune

Jeudi 31

05:42 heure lever soleil
18:25 heure coucher soleil
05:44 heure lever lune
17:39 heure coucher lune

Célébrer le passé et ancrer le présent

Cette année, j'ai réalisé quelque chose de très précieux : la vie n'est pas faite pour être une immense liste de tâches à accomplir. J'ai tellement envie de faire, de voir, de découvrir. Fin 2019, j'ai fondu en larmes, me disant que c'était ma première année à mon compte et que je n'avais rien fait. C'est en boule, avec les yeux plein de larmes et cachée sous un plaid que mon amoureux m'a trouvée. Il a souri et m'a dit : « Tu as quitté ton CDI, déménagé, écrit un livre, tu es allée à Marseille, Toulouse et en Ardèche pour partager ta passion, tu as lancé un club de lecture, es rentrée dans un coven… Ce n'est pas ce que j'appelle une année de perdue ». Il avait raison.

Depuis, je fais une sorte de ligne temporelle dans mon journal, comme on en trouve dans les livres d'histoire pour ne plus jamais revivre ce sentiment. Je garde une trace et, lorsque je doute, lorsque j'ai l'impression de ne pas être assez, je reviens sur tout ce qui a été fait. J'ai envie d'inviter une nouvelle tradition aussi, prendre une journée pour célébrer lorsque j'ai accompli quelque chose. Et vous, comment célébrez-vous ce qui a été accompli ? Avez-vous consience de tout ce que vous avez accompli ?

Vue d'ensemble du trimestre

Après trois mois, c'est le bon moment pour vous faire une tisane et regarder ce que vous avez fait ou que vous pouvez reporter au mois suivant. Aviez-vous de petits objectifs qui ont finalement grandis au point d'exploser le compteur de productivité ? Ou alors, avez-vous commencé le trimestre le torse gonflé de motivation sans avoir anticipé les aléas de la vie ? Voici venu le temps de votre introspection : les points positifs, les points à améliorer, les heures où vous avez le plus pratiqué ou les périodes où vous n'aviez pas d'énergie du tout.

LE POSITIF

L'AMÉLIORABLE

AUTRE

Que pratique-t-on ce trimestre ?

Ici, je vous propose de vous concentrer sur deux domaines magiques pour les trois prochains mois, quitte à rajouter des tâches une fois les premières terminées. Chaque colonne ci-dessous est destinée à accueillir l'un de vos projets concernant votre bien-être, votre spiritualité ou votre pratique magique !

J'ai envie de pratiquer...

....

....

Matériel nécessaire

- [ ]
- [ ]
- [ ]
- [ ]
- [ ]
- [ ]
- [ ]
- [ ]
- [ ]

Matériel nécessaire

- [ ]
- [ ]
- [ ]
- [ ]
- [ ]
- [ ]
- [ ]
- [ ]
- [ ]

Notes

ACHATS ET BRICOLAGES DU MOIS

Avril

L	M	M	J	V	S	D
				1	2	3
4	5	6	7	8	9	10
11	12	13	14	15	16	17
18	19	20	21	22	23	24
25	26	27	28	29	30	

PHASES LUNAIRES

1 • nouvelle lune
9 • premier quart
16 • pleine lune
23 • dernier quart
30 • nouvelle lune

AFFIRMATION OU CITATION DU MOIS

IMPORTANT

CUISINER DE SAISON

ail • artichaut • asperge • betterave • blette • carotte • chou-fleur • concombre • céleri • endive • frisée • laitue • navet • oignon • petit pois • poireau • pomme de terre • radis • épinard

citron • pamplemousse • pomme

Avril

Lundi	Mardi	Mercredi
4	5	6
11	12	13
18	19	20
25	26	27

Jeudi	Vendredi	Samedi	Dimanche
	1 nouvelle lune	2	3
7	8	9 premier quartier	10
14	15	16 pleine lune	17
21	22	23 dernier quartier	24
28	29	30 nouvelle lune	

Traqueur d'humeur du mois

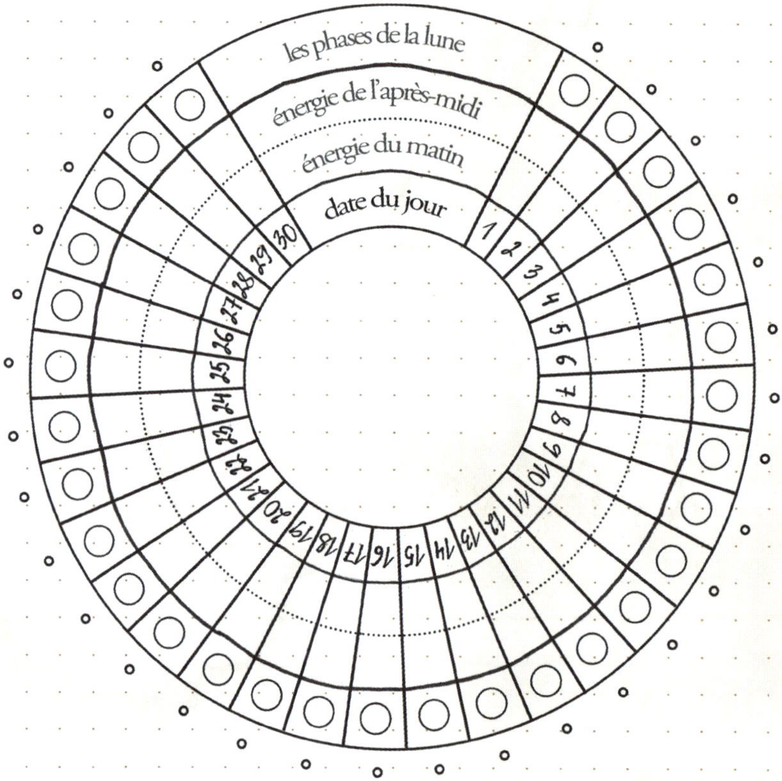

Je suis d'humeur…

- ☐ positive
- ☐ neutre
- ☐ négative
- ☐ créative
- ☐ spirituelle
- ☐ angoissée
- ☐
- ☐
- ☐

Tirage du mois

Voici le tirage général du mois. Il est possible de le faire avec un oracle ou un tarot, cela n'a pas d'importance. Si des lames « sautent » du jeu pendant que vous les battez, mettez-les de côté et gardez-les pour les interpréter à part.

DATE DE L'ÉTUDE

........./........./.........

ORACLE OU TAROT UTILISÉ

....

....

PHASE DE LA LUNE

○ ....

☐ Tirage avec les lames à l'envers

Ce qui m'attend ce mois-ci

Ce que je dois éviter

Ce sur quoi je dois me concentrer

MOTS-CLÉS

....

....

....

....

ANALYSE DU TIRAGE

.......arcanes majeurs ....arcanes mineurs

.......lames à l'endroit ....lames à l'envers

☐ Deniers ☐ Épées

☐ Bâtons ☐ Coupes

INTERPRÉTATION DU TIRAGE

RÉSUMÉ

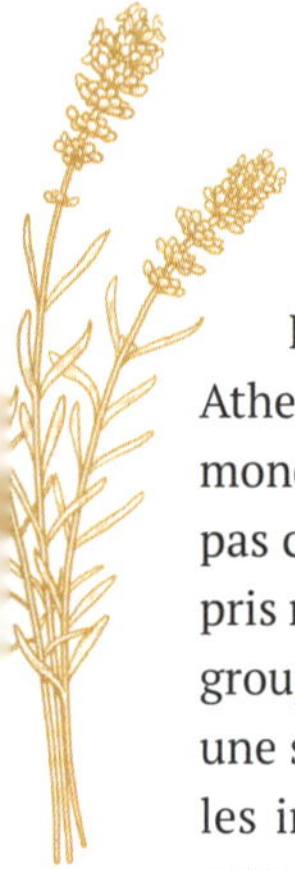

Optimiser ses ingrédients pour éviter le gaspillage (et faire des économies)

Il y a quelques années, j'ai découvert le hoodoo grâce à un stage avec Athenaelle et Andranos (en Bretagne, meilleure partie de France comme tout le monde le sait), deux pratiquants qui sont devenus des amis par la suite. Si je n'ai pas continué sur la voie du hoodoo, quelques plantes et idées ont tout de même pris racine à cette occasion. C'était la première fois pour moi que je pratiquais en groupe. L'un des aspects qui m'a aussi beaucoup marquée, c'est que le hoodoo est une spiritualité qui se doit d'être accessible aux moins fortunés. Éclectique dans les influences, riche en couleurs, symboles et odeurs, le hoodoo est aussi très astucieux et pratique.

La plupart des intentions ont des mélanges d'ingrédients que l'on prépare d'avance, puis que l'on peut transformer en tisane (si c'est buvable), en huile, en encens, en sachets pour le bain, en enduits pour bougies, etc. Pourquoi ne pas faire la même chose dans votre pratique ? Préparez d'avance un mélange pour le lâcher-prise par exemple, à base de camomille, lavande et verveine préparé au début de l'automne à minuit, rangé dans un sachet ou bocal noir. Vous pourriez plier un papier sur lequel vous auriez dessiné un sigil pour le lacher-prise et le laisser infuser entre les utilisations. Composez vos propres mélanges en vous basant sur les thématiques que vous travaillez le plus dans votre pratique.

♈

Vendredi 1er

NOUVELLE LUNE

Film du jour :
La Porte des secrets, un film haletant où l'on touche du doigt l'impact des croyances sur notre vie

05:40 heure lever soleil
18:27 heure coucher soleil
06:04 heure lever lune
18:49 heure coucher lune

♉

Samedi 2

05:38 heure lever soleil
18:28 heure coucher soleil
06:23 heure lever lune
19:58 heure coucher lune

♉

Dimanche 3

Divinité du jour :
Carmenta, divinité romaine et prophétesse d'Arcadie

05:36 heure lever soleil
18:29 heure coucher soleil
06:44 heure lever lune
21:06 heure coucher lune

Lundi 4

Personnalité du jour :
Nundjan Djiridjarkan, leader australien indigène, connu pour son combat pour la conservation du savoir aborigène

05:35 heure lever soleil
18:30 heure coucher soleil
07:07 heure lever lune
22:13 heure coucher lune

Mardi 5

Divinité du jour :
Fortuna ou Fortune, déesse de la Chance, Rome

05:03 heure lever soleil
18:32 heure coucher soleil
07:34 heure lever lune
23:18 heure coucher lune

Mercredi 6

Découverte du jour :
Électricité, XVIIIe et XIXe siècles, par Michael Faraday, Nikola Tesla et Benjamin Franklin.

05:31 heure lever soleil
18:33 heure coucher soleil
08:06 heure lever lune
--:-- heure coucher lune

Jeudi 7

05:29 heure lever soleil
18:34 heure coucher soleil
08:45 heure lever lune
00:20 heure coucher lune

Vendredi 8

Personnalité du jour :
Gordon White, auteur des *Protocoles du Chaos*, Australie

05:27 heure lever soleil
18:36 heure coucher soleil
09:32 heure lever lune
01:17 heure coucher lune

Samedi 9

PREMIER QUARTIER

Végétal du jour :
Lavande

05:25 heure lever soleil
18:37 heure coucher soleil
10:27 heure lever lune
02:05 heure coucher lune

Dimanche 10

05:24 heure lever soleil
18:38 heure coucher soleil
11:29 heure lever lune
02:47 heure coucher lune

Sorcières des villes, travaillons avec la nature qui nous entoure !

Sorcières du bitume et des villes qui ne dorment jamais, ne désespérez pas, travailler avec les esprits de la nature ne vous est pas interdit ou impossible. Je suis toujours surprise quand les gens pensent que j'habite à la campagne : je vivais il y a encore quelques mois en face de la gare de Rennes (qui a été en travaux durant tout mon séjour dans cet appartement, un plaisir), dans un quartier de béton et de lampadaires, avec un trafic incessant de voitures et de voyageurs. Pourtant, j'ai travaillé avec plus de plantes que jamais durant cette période. Voici donc quelques astuces pour aller à la rencontre des plantes et de la nature, même en jungle urbaine.

SORTIR DE LA VILLE

On commence à la fois par la plus évidente mais peut-être pas la plus simple : chercher la forêt la plus proche. N'hésitez pas à regarder les bus et les TER, vous seriez surpris·e de voir combien il existe de trajets assez courts pour s'aérer la tête et trouver un coin verdoyant. Ce qui est intéressant, c'est que vous allez avoir une réelle déconnection de votre environnement habituel et qu'à force de visites, vous aiguiserez votre œil concernant les plantes, les cycles, les effets de la météo… Si vous êtes un pur produit de la ville, je vous conseille le livre *Vivre en pleine nature : le guide de la survie douce* de François Couplan, un ethnobotaniste et écrivain français, spécialiste des utilisations traditionnelles des plantes sauvages comestibles. Vous y trouverez un tas de conseils formidables pour observer, mais aussi peut-être manger des plantes sauvages (n'hésitez pas à prendre des photos et vérifier avec votre pharmacien), puisqu'il collabore avec des chefs comme Marc Veyrat !

JARDINS COMMUNAUTAIRES

Une de mes voisines m'a parlé d'un petit potager solidaire dans le quartier et j'y allais régulièrement avec mon chien. Lorsque je croisais un des jardiniers bénévoles, j'en profitais pour discuter. J'ai pu apprendre tellement de choses grâce à cela ! Astuces, observations, conseils et même quelques graines ou plantes m'ont été offerts. Une fois, alors qu'ils désherbaient, je me suis proposée de récupérer une plante qui attirait mon regard, mais que personne n'avait identifiée. C'était de l'absynthe que j'ai pu utiliser par la suite dans ma pratique : sachets pour les rêves, divination, clairvoyance… Je crois qu'une plante ne nous trouve pas par hasard et qu'elle est un guide sur des thèmes à travailler.

PARCS PUBLICS

S'il n'y a pas de jardins communautaires, il est aussi possible de se rendre dans les parcs. Je vous invite à déposer une petite offrande devant la grille d'entrée et de formuler votre requête. En général, j'émiette discrètement un peu de biscuit sec, puis je demande : « Esprits, je viens aujourd'hui pour recevoir un conseil de votre part concernant _____. Merci pour votre bénédiction et guidance. » Prenez votre temps, baladez-vous avec votre thématique en tête, laissez vos sens se balader d'arbre en fleur, de fleur en buisson. Si une plante attire votre attention, accroupissez-vous ou asseyez-vous, mains proches de celle-ci et fermez les yeux pour ressentir sa présence. Je vous invite à prendre quelques photos et notes, l'un des avantages des parcs est que les noms sont parfois inscrits à côté de la plante.

GUERRIÈRES DU BITUME

C'est sans doute mes favorites, que vous connaissez, c'est sûr ! Mais si, celles qui poussent entre deux pavés, qui arrivent à pousser à 2 m du sol, sur un mur, dans une crevasse d'à peine quelques millimètres d'épaisseur. Elles survivent aux pipis de chien, furieuses de vivre, au pied des arbres de nos villes. Elles ne seront certainement pas dégustées en tisane, mais ce sont des alliées féroces en sorcellerie. Vous seriez surpris·e de ce que l'on peut rencontrer : nigelle de damas, monnaie du pape, bouillon blanc… Si l'on est attentif, elles sont présentes.

PLANTES D'INTÉRIEUR

Cela peut sembler évident, mais si vous aussi vous êtes du genre à tuer les cactus, vous avez tout mon soutien. J'ai foi en vous. Je vous propose de commencer par une plante facile comme la pothos, qui en plus d'avoir un nom très proche de « pote » dans sa prononciation, communique très bien : manque d'eau ? Les feuilles s'affaissent. Trop d'eau ? Quelques feuilles jaunissent et tombent, mais la plante reste en vie. N'est-ce pas merveilleux ? Créez du lien avec vos plantes d'intérieur, prenez des notes sur ce dont elles ont besoin et méditez régulièrement à leur contact.

Lundi 11

Série du jour :
Ghost Whisperer, le quotidien d'une femme parlant avec les défunts

05:22	heure lever soleil
18:39	heure coucher soleil
12:35	heure lever lune
03:21	heure coucher lune

Mardi 12

Divinité du jour :
Cérès, déesse de l'Agriculture, des Moissons et de la Fécondité, Rome

05:20	heure lever soleil
18:41	heure coucher soleil
13:45	heure lever lune
03:49	heure coucher lune

Mercredi 13

Végétal du jour :
Cardamome

05:18	heure lever soleil
18:42	heure coucher soleil
14:55	heure lever lune
04:13	heure coucher lune

Jeudi 14

Œuvre du jour :
Vivien, Frederick Sandys, 1829-1904

05:17	heure lever soleil
18:43	heure coucher soleil
16:07	heure lever lune
04:35	heure coucher lune

Vendredi 15

Calendrier des arbres :
Sail – Saule et Staif – Épine noire, 1er jour

05:15	heure lever soleil
18:44	heure coucher soleil
17:21	heure lever lune
04:56	heure coucher lune

Samedi 16

PLEINE LUNE

Personnalité du jour :
Margot Adler, auteure d'ouvrages sur le néopaganisme.

05:13	heure lever soleil
18:46	heure coucher soleil
18:37	heure lever lune
05:17	heure coucher lune

Dimanche 17

05:11	heure lever soleil
18:47	heure coucher soleil
19:56	heure lever lune
05:39	heure coucher lune

Étude des runes

Saviez-vous que le mot « rune » vient du vieux norrois *rún*, qui signifie « enseignement secret » ou encore « sagesse », en fonction des traducteurs ? L'ancien Futhark est un outil incroyable, que l'on décide de l'utiliser pour la divination ou comme alphabet. Chaque rune transmet une force et un message, derrière un nom et un son qui lui sont propres. Ces pages sont présentes pour vous aider à découvrir une partie de leur mystère.

NOM ....

PHONÉTIQUE ....

ÉLÉMENT(S) .... **POLARITÉ** ....

SYMBOLES ASSOCIÉS ....

....

....

....

....

....

....

....

....

....

COULEURS ....

....

....

ARBRES/PLANTES ....

....

....

SYMBOLIQUE DÉTAILLÉE, CONSEIL OU RÉFLEXION QU'ELLE VOUS OFFRE

Lundi 18

Œuvre du jour :
Embroidering the Earth's Mantle,
Remedios Varo, 1961

05:10 heure lever soleil
18:48 heure coucher soleil
21:17 heure lever lune
06:06 heure coucher lune

Mardi 19

Personnalités du jour :
Athenaëlle E. et Andranos B., membres du Coven de l'Ophidia noir rattaché à la New-York Wica Tradition, France

05:08 heure lever soleil
18:49 heure coucher soleil
22:38 heure lever lune
06:38 heure coucher lune

Mercredi 20

05:06 heure lever soleil
18:51 heure coucher soleil
23:53 heure lever lune
07:19 heure coucher lune

Jeudi 21

Signe du jour :
Taureau (1er jour)
Élément Terre

05:05 heure lever soleil
18:52 heure coucher soleil
--:-- heure lever lune
08:11 heure coucher lune

Vendredi 22

Célébration du jour :
Jour de la Terre, célébration environnementale mondiale

05:03 heure lever soleil
18:53 heure coucher soleil
00:59 heure lever lune
09:15 heure coucher lune

Samedi 23

DERNIER QUARTIER

05:01 heure lever soleil
18:54 heure coucher soleil
01:51 heure lever lune
10:28 heure coucher lune

Dimanche 24

Film du jour :
The Love Witch, une sorcière obsédée par l'Amour cherche désespérément quelqu'un digne du sien

05:00 heure lever soleil
18:56 heure coucher soleil
02:31 heure lever lune
11:44 heure coucher lune

♓ **Lundi 25**

Pierre du jour :
Spinelle

04:58 heure lever soleil
18:57 heure coucher soleil
03:03 heure lever lune
13:00 heure coucher lune

♓ **Mardi 26**

Discipline du jour :
Jin Shin, art ancestral japonais qui s'appuie sur l'idée que notre être est traversé par des circuits d'énergie

04:56 heure lever soleil
18:58 heure coucher soleil
03:28 heure lever lune
14:14 heure coucher lune

♈ **Mercredi 27**

04:55 heure lever soleil
18:59 heure coucher soleil
03:50 heure lever lune
15:25 heure coucher lune

♈ **Jeudi 28**

Divinité du jour :
Flore ou Flora, déesse des Fleurs et de la Végétation du printemps, Italie

04:53 heure lever soleil
19:01 heure coucher soleil
04:09 heure lever lune
16:35 heure coucher lune

♈ **Vendredi 29**

Œuvre du jour :
Witches Flight, Francisco Goya, 1787-1798

04:52 heure lever soleil
19:02 heure coucher soleil
04:28 heure lever lune
17:43 heure coucher lune

♉ **Samedi 30**

NOUVELLE LUNE

Célébration du jour :
Walpurgisnacht, symbolise la fin de l'hiver, la plantation de l'arbre de mai, Allemagne

04:50 heure lever soleil
19:03 heure coucher soleil
04:48 heure lever lune
18:51 heure coucher lune

Réflexion de la sorcière

Lorsque vous vous sentez bloqué dans une situation, n'hésitez pas à sortir vos cartes de tarot ou oracle pour avoir une réflexion ou un conseil ! C'est un peu comme se demander « Si (insérez le nom d'une personne que vous admirez) était là, qu'est-ce qu'iel me conseillerait ? »

Mai

L	M	M	J	V	S	D
						1
2	3	4	5	6	7	8
9	10	11	12	13	14	15
16	17	18	19	20	21	22
23	24	25	26	27	28	29
30	31					

PHASES LUNAIRES

- 9 • premier quart
- 16 • pleine lune
- 22 • dernier quart
- 30 • nouvelle lune

AFFIRMATION OU CITATION DU MOIS

IMPORTANT

CUISINER DE SAISON

ail • artichaut • asperge • aubergine • betterave • blette • carotte • chou-fleur • concombre • courgette • céleri • laitue • navet • oignon • petit pois • pomme de terre primeur • radis • épinard

cerise • fraise • pamplemousse • rhubarbe • tomate

Mai

Lundi	Mardi	Mercredi
2	3	4
9 premier quartier	10	11
16 pleine lune	17	18
23	24	25
30 nouvelle lune	31	

Jeudi	Vendredi	Samedi	Dimanche
			1
5	6	7	8
12	13	14	15
19	20	21	22 dernier quartier
26	27	28	29

Traqueur d'humeur du mois

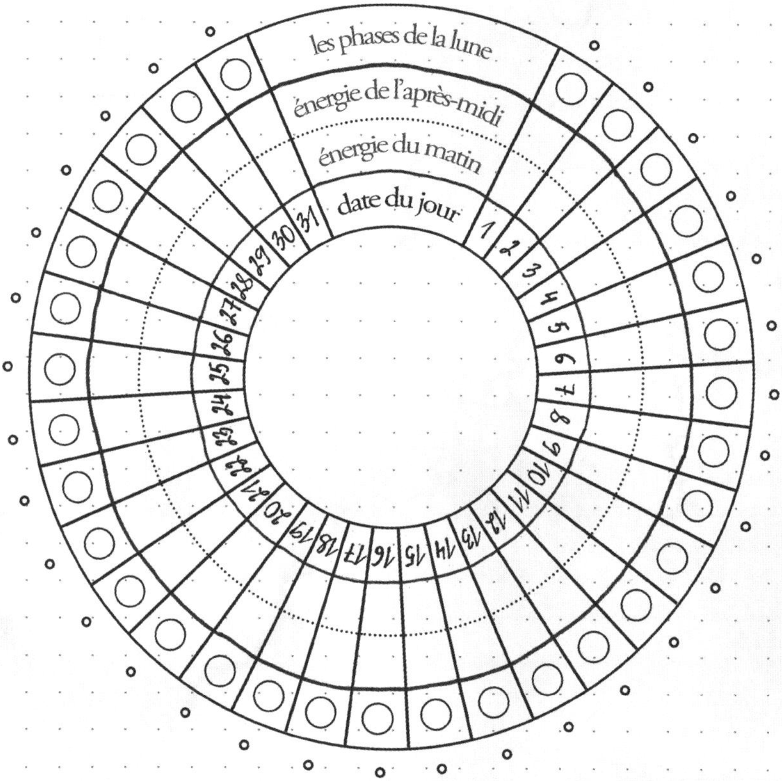

Je suis d'humeur…

- [ ] positive
- [ ] neutre
- [ ] négative
- [ ] créative
- [ ] spirituelle
- [ ] angoissée
- [ ]
- [ ]
- [ ]

Tirage du mois

Voici le tirage général du mois. Il est possible de le faire avec un oracle ou un tarot, cela n'a pas d'importance. Si des lames « sautent » du jeu pendant que vous les battez, mettez-les de côté et gardez-les pour les interpréter à part.

DATE DE L'ÉTUDE

........./........./.........

ORACLE OU TAROT UTILISÉ

....

....

PHASE DE LA LUNE

○ ....

☐ Tirage avec les lames à l'envers

Ce qui m'attend ce mois-ci

Ce que je dois éviter

Ce sur quoi je dois me concentrer

MOTS-CLÉS

....

....

....

....

ANALYSE DU TIRAGE

.......arcanes majeurs ....arcanes mineurs

.......lames à l'endroit ....lames à l'envers

☐ Deniers ☐ Épées

☐ Bâtons ☐ Coupes

INTERPRÉTATION DU TIRAGE

RÉSUMÉ

commencer un mois par un dimanche, une chance !

Responsabilité de la sorcière

Il est facile de se dire que nous n'avons aucun impact parce que nous ne sommes pas des personnalités publiques. Pourtant, nous avons un impact tous les jours sur des dizaines de personnes : notre conduite influence nos enfants, un mot d'encouragement à un·e collègue ou un sourire à un·e passant·e peut transformer une journée. Être sorcière, c'est un choix qui implique une responsabilité entière, radicale, de nos pensées, actions et paroles. Cela n'implique pas d'être parfait, mais de faire en sorte d'être aligné entre ce que l'on souhaite et ce que l'on est. La sorcellerie est une porte vers la liberté, mais toute liberté est composée de responsabilité. Qu'allons-nous faire de cette liberté ? J'aimerais vous inviter à voir la sorcellerie et la spiritualité de manière générale comme une prise de conscience, une invitation à la nuance, à adopter un rythme plus lent pour apprendre à se connaître et à écouter le monde. Être sorcière, c'est un travail intérieur qui sert le collectif, améliore nos échanges avec les autres.

Voici quelques principes que j'essaye d'appliquer au quotidien, j'aime cette idée de mettre à plat des valeurs que l'on choisit, en tant qu'être libre, d'appliquer en conscience :

- garder en tête ce qui compte vraiment ;
- se comporter avec les autres comme on aimerait qu'ils se comportent avec nous ;
- ne jamais partir du principe que ce qui est évident pour moi l'est pour les autres ;
- être la personne qui garde son calme et observe la situation dans son ensemble en cas de conflit, tempérer ses émotions ;
- ne pas oublier que les opinions, croyances et ressentis des autres n'ont pas besoin d'être pesés et comparés aux nôtres ;
- s'entourer de gens qui nous ressemblent ou nous élèvent ne signifie pas délaisser ceux dont le cadeau du cœur ou de l'esprit est différent.

Quelles seraient les vôtres ?

♉

Dimanche 1er

Célébration du jour :
Beltane, fin de l'hiver, plantation de l'arbre de mai, fête du feu et de la fertilité

04:49 heure lever soleil
19:04 heure coucher soleil
05:10 heure lever lune
19:59 heure coucher lune

semaine du 2 au 8 mai

Lundi 2

04:47	heure lever soleil
19:06	heure coucher soleil
05:35	heure lever lune
21:06	heure coucher lune

Mardi 3

Divinité du jour :
Bona Dea, « la Bonne Déesse », déesse de la Chasteté, Rome

04:46	heure lever soleil
19:07	heure coucher soleil
06:04	heure lever lune
22:10	heure coucher lune

Mercredi 4

Œuvre du jour :
The Magic Circle, John William Waterhouse, 1886

04:44	heure lever soleil
19:08	heure coucher soleil
06:41	heure lever lune
23:09	heure coucher lune

Jeudi 5

04:43	heure lever soleil
19:09	heure coucher soleil
07:25	heure lever lune
--:--	heure coucher lune

Vendredi 6

Film du jour :
L'adorable voisine, une histoire d'amour qui n'est pas gagnée d'avance !

04:42	heure lever soleil
19:11	heure coucher soleil
08:16	heure lever lune
00:01	heure coucher lune

Samedi 7

04:40	heure lever soleil
19:12	heure coucher soleil
09:15	heure lever lune
00:45	heure coucher lune

Dimanche 8

Divinité du jour :
Homme Vert, ou Homme Feuillu, célébration de la nature

04:39	heure lever soleil
19:13	heure coucher soleil
10:19	heure lever lune
01:21	heure coucher lune

Les piliers de la pratique sorcière

Si vous me suivez depuis un moment ou que vous avez fait partie du club de lecture sorcier, vous le savez : j'ai une grande affection pour le travail de John Beckett. Une vraie groupie, c'est terrible. Il est l'auteur de *La Voie du paganisme,* livre magnifiquement structuré, soulevant d'excellentes questions, donnant la parole à divers avis pour laisser le lecteur trouver ses propres réponses. Une pépite pour toute personne qui souhaite suivre une voie païenne. L'un des passages qui reste gravé dans mon esprit concerne ceci : une immense tente ouverte, avec différents piliers autour desquels les pratiquants peuvent se rassembler, mais aussi entre lesquels ils peuvent naviguer librement. Ces piliers s'appellent « Nature », « Communauté », « Soi-même » et « Dieux ». Aujourd'hui, la plupart des pratiquants ont une spiritualité tournant autour de la nature et de soi, certains y incluent les dieux aussi, mais ceux qui dédient un espace à leur communauté sont très rares.

J'aimerais vous inviter à faire ce tirage que j'ai créé suite à la lecture de ce passage du livre, pour comprendre ce qui nourrit votre pratique, ce qui vous nourrit et ce que vous pouvez nourrir en retour. Piochez les cartes dans l'ordre que vous souhaitez, mais je vous conseille de terminer par celle du centre. Bon tirage !

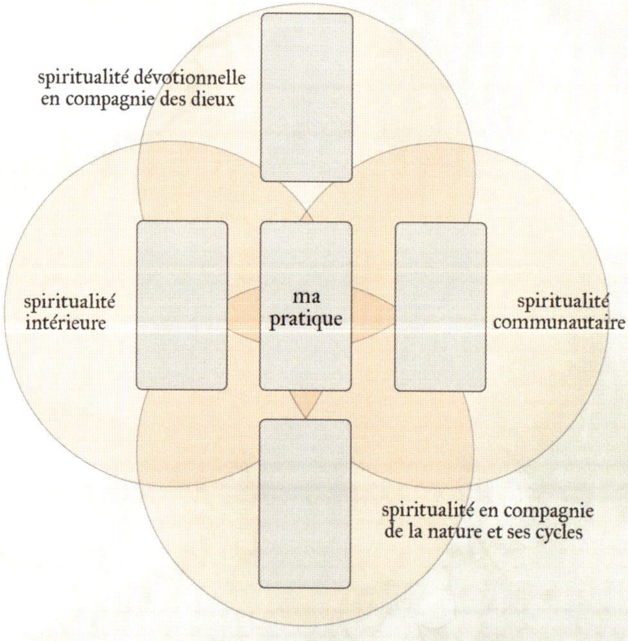

Lundi 9

PREMIER QUARTIER

Célébration du jour :
Lemuralia, bannissement des mauvais esprits et des âmes errantes, Rome

04:38 heure lever soleil
19:14 heure coucher soleil
11:26 heure lever lune
01:50 heure coucher lune

Mardi 10

Œuvre du jour :
Fairy Land,
Edward Reginald Frampto

04:36 heure lever soleil
19:15 heure coucher soleil
12:34 heure lever lune
02:15 heure coucher lune

Mercredi 11

Outil du jour :
Huile essentielle de patchouli

04:35 heure lever soleil
19:17 heure coucher soleil
13:44 heure lever lune
02:37 heure coucher lune

Jeudi 12

04:34 heure lever soleil
19:18 heure coucher soleil
14:56 heure lever lune
02:57 heure coucher lune

Vendredi 13

Calendrier des arbres :
Huath – Aubépine, 1er jour

04:33 heure lever soleil
19:19 heure coucher soleil
16:10 heure lever lune
03:18 heure coucher lune

Samedi 14

04:32 heure lever soleil
19:20 heure coucher soleil
17:28 heure lever lune
03:39 heure coucher lune

Dimanche 15

Livre du jour :
KAosphOruS, Webzine dedié à la Magie du Chaos et à l'occulte, France

04:30 heure lever soleil
19:21 heure coucher soleil
18:49 heure lever lune
04:04 heure coucher lune

Lundi 16

PLEINE LUNE

Divinité du jour :
Hera, protectrice des femmes et la déesse du Mariage, Grèce

04:29	heure lever soleil
19:22	heure coucher soleil
20:12	heure lever lune
04:33	heure coucher lune

Mardi 17

Série du jour :
Medium, inspiré de l'histoire réelle d'une femme médium ayant aidé la police à résoudre des enquêtes

04:28	heure lever soleil
19:24	heure coucher soleil
21:34	heure lever lune
05:11	heure coucher lune

Mercredi 18

04:27	heure lever soleil
19:25	heure coucher soleil
22:47	heure lever lune
06:00	heure coucher lune

Jeudi 19

Personnalité du jour :
Azura Dragon Faether, sorcière draconnique et créatrice du Hatchling Clan, États-Unis

04:26	heure lever soleil
19:26	heure coucher soleil
23:46	heure lever lune
07:02	heure coucher lune

Vendredi 20

04:25	heure lever soleil
19:27	heure coucher soleil
--:--	heure lever lune
08:14	heure coucher lune

Samedi 21

Signe du jour :
Gémeaux (1er jour)
Élément Air

04:24	heure lever soleil
19:28	heure coucher soleil
00:32	heure lever lune
09:32	heure coucher lune

Dimanche 22

DERNIER QUARTIER

04:23	heure lever soleil
19:29	heure coucher soleil
01:07	heure lever lune
10:50	heure coucher lune

Cube de Métatron

Utilisez cette géométrie sacrée pour recharger vos cristaux ou vos outils magiques ! Si mes calculs sont bons, nous sommes à la moitié du *Grimoire de pratique* et, avec des pinces, vous devriez pouvoir le tenir ouvert et plat pour l'utiliser ! Cela dit, pour profiter au maximum de son efficacité, je vous conseille de l'imprimer. Il se trouve facilement sur Google !

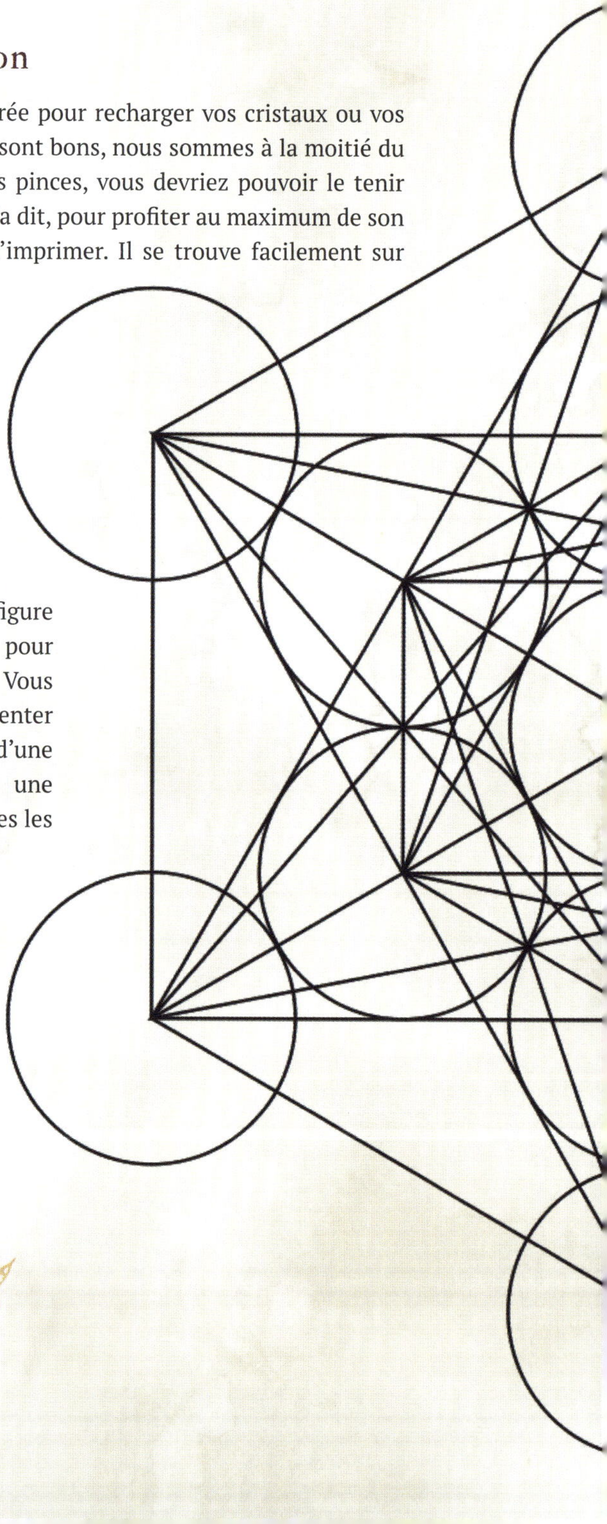

Le Cube de Métatron est une figure géométrique sacrée réputée pour ses taux vibratoires très élevés. Vous pouvez vous en servir pour augmenter le taux vibratoire d'un lieu ou d'une personne par exemple. C'est une protection puissante contre toutes les énergies ou les êtres négatifs.

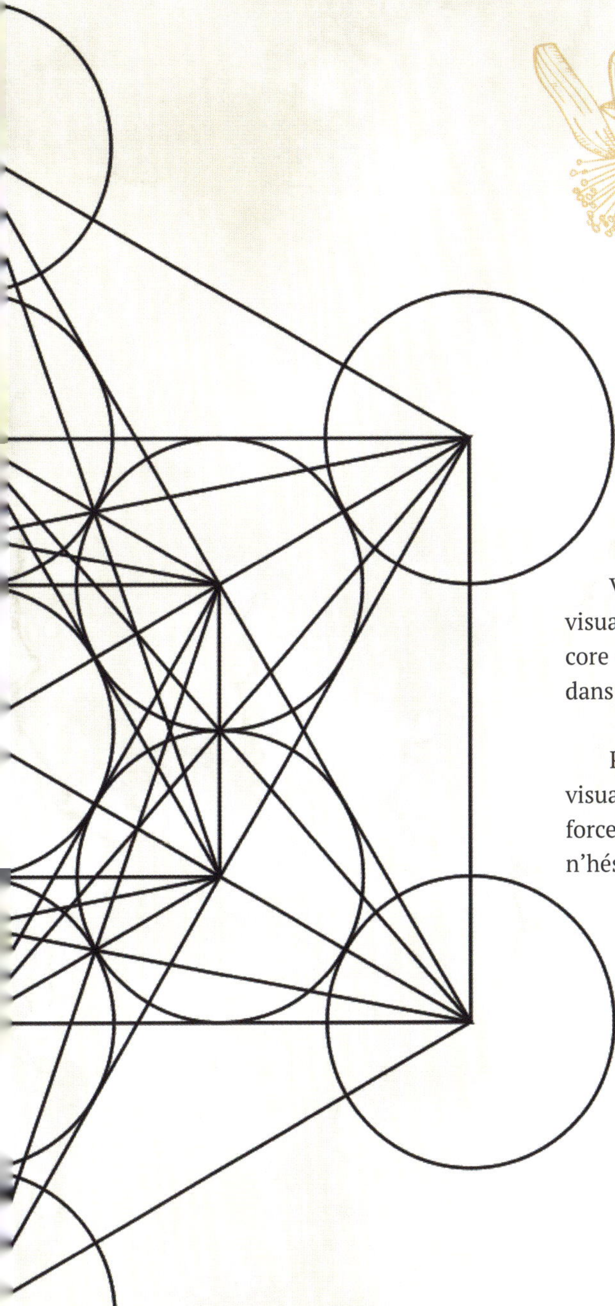

Vous pouvez le porter sur vous, le visualiser autour de vous ou bien encore en faire des copies et les placer dans votre maison.

Plus vous l'utilisez, le touchez, le visualisez, plus vous augmenterez sa force et son attachement à vous, donc n'hésitez pas !

Lundi 23

Végétal du jour :
Patchouli

04:22 heure lever soleil
19:30 heure coucher soleil
01:34 heure lever lune
12:05 heure coucher lune

Mardi 24

Outil du jour :
Le balai

04:22 heure lever soleil
19:31 heure coucher soleil
01:56 heure lever lune
13:17 heure coucher lune

Mercredi 25

Œuvre du jour :
La Femme damnée, Nicolas François Octabe Tassaert, 1859

04:21 heure lever soleil
19:32 heure coucher soleil
02:16 heure lever lune
14:26 heure coucher lune

Jeudi 26

Divinité du jour :
Airmed, déesse de la Médecine et des Plantes médicinales, Irlande

04:20 heure lever soleil
19:33 heure coucher soleil
02:35 heure lever lune
15:34 heure coucher lune

Vendredi 27

Personnalité du jour :
Marie-Anne Lenormand, cartomancienne et nécromancienne française

04:19 heure lever soleil
19:34 heure coucher soleil
02:54 heure lever lune
16:41 heure coucher lune

Samedi 28

04:18 heure lever soleil
19:35 heure coucher soleil
03:15 heure lever lune
17:48 heure coucher lune

Dimanche 29

Végétal du jour :
Cerisier

04:18 heure lever soleil
19:36 heure coucher soleil
03:38 heure lever lune
18:55 heure coucher lune

Lundi 30

NOUVELLE LUNE

Film du jour :
Les Ensorcelleuses, les femmes d'une famille sont maudites par leur ancêtre déçue en amour, un film culte !

04:17 heure lever soleil
19:37 heure coucher soleil
04:06 heure lever lune
20:00 heure coucher lune

Mardi 31

Divinité du jour :
Akka, déesse de la Fertilité, de la Sexualité et de la Force, Finlande

04:17 heure lever soleil
19:38 heure coucher soleil
04:39 heure lever lune
21:01 heure coucher lune

La contagion sociale et émotionnelle

Je sais ce que vous vous dites, parler de contagion avec la crise sanitaire que nous traversons, vraiment ? Nous nous sommes retrouvés divisés physiquement, nos emplois du temps et habitudes ont été pulvérisés. Ce qui est sûr, c'est que beaucoup se sont rués sur une fenêtre donnant sur le monde extérieur : les réseaux. C'est alors que j'ai pu observer pour la première fois en tant que spectatrice la contagion émotionnelle. Stanley Milgram, psychologue social américain, était un grand adepte de curieuses expériences pour comprendre les comportements humains. Il a, par exemple, demandé à une personne de s'arrêter dans la rue et d'observer fixement le ciel. C'est là qu'est née la fonction d'imitation : si une personne fait quelque chose, il y a 40 % de chance que l'on se mette à l'imiter. Plus le nombre de personnes regardant le ciel grandit, plus il y a de probabilités que nos mécanismes d'imitation s'activent. C'est ce que j'ai pu observer sur les réseaux durant cette curieuse période.

Imaginons : vous voyez une personne qui partage un post alarmant sur un sujet auquel vous êtes sensible, le ton anxieux et urgent du post fait son chemin dans votre esprit et vous repartagez le post, en ajoutant une phrase contenant vos angoisses. Vous échangez en commentaires et maintenant, vous êtes une trentaine de personnes en panique, sans savoir si le sujet est même vérifié, parce que l'émotion a pris le dessus. Les émotions comme la panique, la colère, l'indignation se propagent très vite. Savez-vous le plus beau ? La joie, la créativité, la compassion se propagent tout aussi vite.

Avant de poster quelque chose sur les réseaux, je me demande maintenant : que vais-je propager ? Est-ce intéressant, vérifié ou nécéssaire si les émotions sont inconfortables ? Est-ce que la fonction d'imitation peut faire germer de belles choses dans la communauté suite à mon partage ?

Juin

L	M	M	J	V	S	D
		1	2	3	4	5
6	7	8	9	10	11	12
13	14	15	16	17	18	19
20	21	22	23	24	25	26
27	28	29	30			

PHASES LUNAIRES

- 7 • premier quart
- 14 • pleine lune
- 21 • dernier quart
- 29 • nouvelle lune

AFFIRMATION OU CITATION DU MOIS

IMPORTANT

CUISINER DE SAISON

ail • artichaut • asperge • aubergine • betterave • blette • brocoli • carotte • concombre • courgette • céleri • fenouil • haricot vert • laitue • navet • oignon • petit pois • poivrons • pomme de terre primeur • radis • épinard

abricot • cassis • cerise • citron • fraise • framboise • groseille • melon • pamplemousse • pastèque • pomme • prune • pêche • rhubarbe • tomate

avoine d'hiver et de printemps • colza d'hiver et de printemps • orge d'hiver • pois • seigle

Juin

Lundi	Mardi	Mercredi
		1
6	7 premier quartier	8
13	14 pleine lune	15
20	21 dernier quartier	22
27	28	29 nouvelle lune

Jeudi	Vendredi	Samedi	Dimanche
2	3	4	5
9	10	11	12
16	17	18	19
23	24	25	26
30			

Traqueur d'humeur du mois

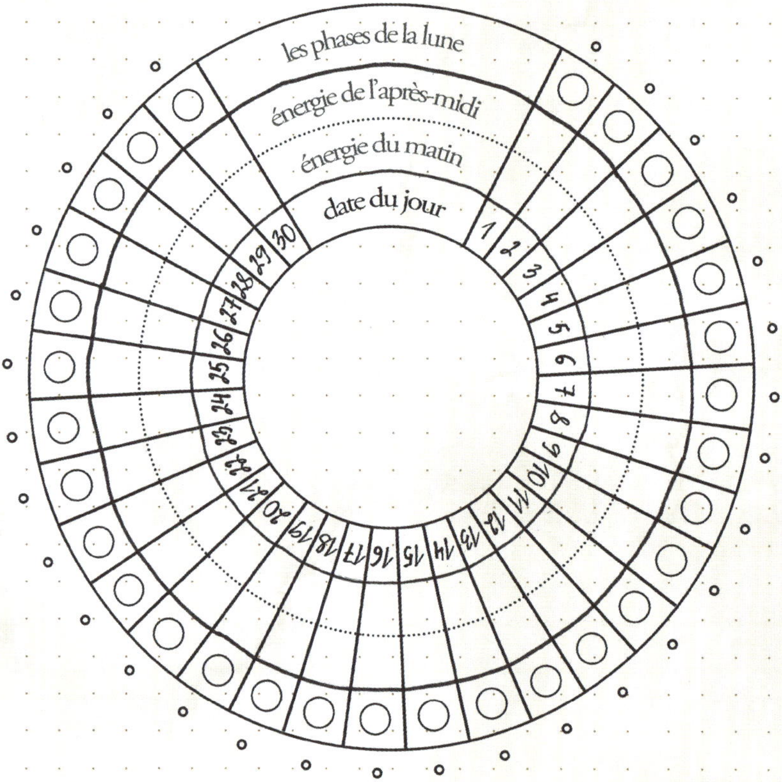

Je suis d'humeur…			
	☐ positive	☐ créative	☐
	☐ neutre	☐ spirituelle	☐
	☐ négative	☐ angoissée	☐

Tirage du mois

Voici le tirage général du mois. Il est possible de le faire avec un oracle ou un tarot, cela n'a pas d'importance. Si des lames « sautent » du jeu pendant que vous les battez, mettez-les de côté et gardez-les pour les interpréter à part.

DATE DE L'ÉTUDE

........./........./.........

ORACLE OU TAROT UTILISÉ

....

....

PHASE DE LA LUNE

○ ....

☐ Tirage avec les lames à l'envers

Ce qui m'attend ce mois-ci

Ce que je dois éviter

Ce sur quoi je dois me concentrer

MOTS-CLÉS

....

....

....

....

ANALYSE DU TIRAGE

.......arcanes majeurs ....arcanes mineurs

.......lames à l'endroit ....lames à l'envers

☐ Deniers ☐ Épées

☐ Bâtons ☐ Coupes

INTERPRÉTATION DU TIRAGE

RÉSUMÉ

Apprendre à se foutre la paix

Il y aura toujours quelque chose à travailler et creuser. Une blessure intérieure, une croyance limitante, un travers que l'on croit voir dans notre thème astral, des vies antérieures chaotiques, etc. N'oubliez pas qu'une croyance peut être un moteur ou une prison, mais qu'elle reste une croyance, un processus mental expérimenté par une personne qui adhère à une thèse sans preuves. Il y aura toujours un nouvel outil qui vous promettra de vous sentir mieux ou une meilleure compréhension de vous-même. N'oubliez pas d'embrasser votre imperfection, lâchez-vous la grappe, la vie est faite pour être vécue et vous avez plein de compétences géniales déjà présentes.

♋ **Mercredi 1er**

Fait historique du jour :
En 1563, édition d'une série de lois punitives concernant la sorcellerie. Angleterre, Pays de Galles, Irlande

04:16 heure lever soleil
19:39 heure coucher soleil
05:21 heure lever lune
21:56 heure coucher lune

♋ **Jeudi 2**

Divinité du jour :
Cardea, déesse protectrice des Portes et des Gonds, Rome

04:15 heure lever soleil
19:39 heure coucher soleil
06:10 heure lever lune
22:43 heure coucher lune

♌ **Vendredi 3**

Couleur du jour :
Gris

04:15 heure lever soleil
19:40 heure coucher soleil
07:06 heure lever lune
23:21 heure coucher lune

♌ **Samedi 4**

04:15 heure lever soleil
19:41 heure coucher soleil
08:08 heure lever lune
23:53 heure coucher lune

♌ **Dimanche 5**

Végétal du jour :
Iris

04:14 heure lever soleil
19:42 heure coucher soleil
09:13 heure lever lune
--:-- heure coucher lune

Lundi 6

04:14	heure lever soleil
19:43	heure coucher soleil
10:20	heure lever lune
00:19	heure coucher lune

Mardi 7

PREMIER QUARTIER

Célébration du jour :
Vestalia, fête en l'honneur de Vesta, déesse du Foyer où brûlait le Feu sacré de Rome

04:13	heure lever soleil
19:43	heure coucher soleil
11:27	heure lever lune
00:41	heure coucher lune

Mercredi 8

Personnalité du jour :
Vae Bataille, sorcière moderne axée sur l'imagination et la chaos magick, Canada

04:13	heure lever soleil
19:44	heure coucher soleil
12:36	heure lever lune
01:01	heure coucher lune

Jeudi 9

04:13	heure lever soleil
19:45	heure coucher soleil
13:46	heure lever lune
01:20	heure coucher lune

Vendredi 10

Calendrier des arbres :
Duir – Chêne, 1er jour

04:13	heure lever soleil
19:45	heure coucher soleil
15:00	heure lever lune
01:40	heure coucher lune

Samedi 11

Fait historique du jour :
Bridget Bishop, première personne exécutée pour sorcellerie à Salem, États-Unis

04:12	heure lever soleil
19:46	heure coucher soleil
16:18	heure lever lune
02:02	heure coucher lune

Dimanche 12

04:12	heure lever soleil
19:46	heure coucher soleil
17:41	heure lever lune
02:29	heure coucher lune

De la magie au brunch estival

Les beaux jours arrivent, cela donne envie de manger frais, de prendre le soleil (avec de la crème solaire sur le bout du nez) et de se rassembler. Prendre le temps de savourer une belle journée et de bonnes choses à partager ! Voici quelques idées simples pour mettre un soupçon de magie dans vos brunchs et petits-déjeuners du week-end. Ces recettes sont chargées d'une intention magique, mais pour qu'elles fonctionnent il faudra ajouter la visualisation liée à l'intention lors de la dégustation. Ne vous inquiétez pas si vous partagez ce repas avec d'autres, les recettes ont été pensées pour ne pas aller contre le libre arbitre de vos invités.

DATTES FOURÉES ET GLACÉES

Un plaisir délicieux qui demande un peu d'organisation, parce qu'il faut les mettre à congeler la veille. C'est très simple et une bonne alternative aux sucreries glacées l'été.

Intention :
Prospérité et santé

Ingrédients :

Les **dattes** sont liées au soleil, à la spiritualité et à la force. Les cacahuètes quant à elles sont associées à l'élément Terre et à la prospérité, avec un accent mis sur l'argent. Ici, c'est avec le **beurre de cacahuète** que nous allons intégrer cet ingrédient.

Recette :

L'idéal est de le faire le matin, dans la phase montante du soleil. Commencez par retirer le noyau des dattes, en gardant en tête votre santé et vos finances, ainsi que celles des invités. Chaque noyau représente un blocage que l'on peut rencontrer et que vous retirez du chemin. Au moment de les jeter, vous pouvez prononcer : « Je nous libère, le chemin et notre esprit sont dégagés. » Ensuite, face au nord (pour se relier à l'élément Terre), glissez une demie cuillère de beurre de cacahouète dans les dattes en faisant des vœux pour les personnes qui vont en manger. Congelez-les en entier ou coupez-en trois pour qu'elles soient plus faciles à manger par les plus jeunes.

SCONES ROMARIN CITRON

Les scones sont très faciles à faire et demandent peu de préparation, tout en ayant un côté raffiné. Le citron est un ingrédient lié à la lune et le romarin est lié au soleil, je les trouve parfaits pour une recette équilibrée en magie et en goût.

Intention :
Amour et équilibre

Ingrédients :
250 g de farine type 45
45 g de beurre demi-sel
1 œuf battu
10 cl de lait
1 sachet de levure chimique
Romarin frais haché finement
Zeste d'un citron jaune

Recette :

Préchauffez le four à 200 °C. Dans un saladier, mélangez la farine et la levure. Ajoutez le beurre, le zeste et le romarin puis remuez dans le sens des aiguilles d'une montre du bout des doigts pour bien mélanger. Visualisez l'équilibre que vous souhaitez inviter dans votre vie personnelle. La pâte doit ressembler à une chapelure grossière. Ajoutez l'œuf battu et la moitié du lait, puis remuez jusqu'à l'obtention d'une boule. La pâte doit être souple mais sans être collante. Si elle est trop sèche, ajoutez progressivement le reste du lait.

Étalez cette pâte sur une surface farinée, sur une épaisseur de 1,5 cm. À l'aide d'un emporte-pièce (j'en utilise souvent un en forme de cœur pour renforcer l'intention) ou d'un verre, coupez d'un coup sec des cercles d'environ 5-6 cm de diamètre. Retournez les pâtes et mettez-les sur une feuille de papier cuisson. Enfournez et laissez cuire pendant 14-15 min jusqu'à ce que les scones soient dorés.

BEURRE DE SAUGE

Un excellent moyen de surprendre ses convives et d'accompagner les scones !

Intention :
Longévité et santé

Ingrédients :
45 g de beurre demi-sel
Quelques feuilles de sauge officinale fraîches

Recette :

Laissez le beurre ramollir à température ambiante, vous pouvez le couper grossièrement pour aller plus vite. Pendant ce temps, tournez-vous vers l'est (la sauge est associée à l'Air) et hachez le plus finement possible la sauge. Ajoutez-les au beurre dans un ramequin, mettez vos mains de chaque côté en imaginant une vie dynamique et en pleine santé, puis réservez au frais avant dégustation.

Lundi 13

04:12	heure lever soleil
19:47	heure coucher soleil
19:04	heure lever lune
03:02	heure coucher lune

Mardi 14

PLEINE LUNE

Œuvre du jour :
La Sorcière Baba Yaga,
Ivan Iakovlevitch Bilibine, 1902

04:12	heure lever soleil
19:47	heure coucher soleil
20:23	heure lever lune
03:45	heure coucher lune

Mercredi 15

04:12	heure lever soleil
19:48	heure coucher soleil
21:31	heure lever lune
04:42	heure coucher lune

Jeudi 16

Célébration du jour :
Jour du calice d'argent

04:12	heure lever soleil
19:48	heure coucher soleil
22:25	heure lever lune
05:52	heure coucher lune

Vendredi 17

Personnalité du jour :
Starhawk, écrivaine et militante éco-féministe et néopaïenne

04:12	heure lever soleil
19:49	heure coucher soleil
23:06	heure lever lune
07:11	heure coucher lune

Samedi 18

04:12	heure lever soleil
19:49	heure coucher soleil
23:37	heure lever lune
08:33	heure coucher lune

Dimanche 19

Végétal du jour :
Noisetier

04:12	heure lever soleil
19:49	heure coucher soleil
--:--	heure lever lune
09:52	heure coucher lune

Fiche de lecture

Je vous propose ici une structure pour faire vos fiches de lectures, mais n'hésitez pas à enlever ou ajouter des éléments en fonction de votre méthode et votre logique.

TITRE
(en français et en anglais s'il s'agit d'une traduction)

DATE DE PARUTION

MAISON D'ÉDITION

NOM ET PRÉSENTATION DE L'AUTEUR

Ici, je parle de l'époque, du lieu et du mode de vie de la personne, si elle a cotoyé certains pratiquants, quels courants elle a étudié ou auxquels elle a pris part, cela en dit beaucoup sur les gens ! S'il s'agit d'une traduction, je fais une rapide présentation du traducteur avec, à la fin, un indice de fiabilité de la traduction.

4E DE COUVERTURE

Je la recopie en entier si elle est courte ou en sélectionne les moments clés si elle est trop longue.

MOTS-CLÉS
Ce que je pense trouver dans ce livre

DATE DE LECTURE
Date de début et de fin

NOM DE CHAPITRE
Ensuite ici, j'utilise un code pour faire ma prise de note :
x - extraits, références du livre
o - réflexions et questions personnelles

AVIS PERSONNEL DE FIN DE LECTURE

4E DE COUVERTURE PERSONNELLE
Est-ce que la 4e de couverture originelle me parait complète et honnête ?
Si je devais l'écrire, que contiendrait-elle ?

Lundi 20

Personnalité du jour :
Julia Boschiero, créatrice de la lithosophie, France

04:13	heure lever soleil
19:50	heure coucher soleil
00:01	heure lever lune
11:06	heure coucher lune

Mardi 21

DERNIER QUARTIER

Célébration du jour :
Litha, date favorable au handfasting, apothéose du cycle solaire

04:13	heure lever soleil
19:50	heure coucher soleil
00:22	heure lever lune
12:18	heure coucher lune

Mercredi 22

Signe du jour :
Cancer (1er jour)
Élément Eau

04:13	heure lever soleil
19:50	heure coucher soleil
00:42	heure lever lune
13:26	heure coucher lune

Jeudi 23

04:13	heure lever soleil
19:50	heure coucher soleil
01:01	heure lever lune
14:33	heure coucher lune

Vendredi 24

Célébration du jour :
Journée de fierté Gay Wiccane

04:14	heure lever soleil
19:50	heure coucher soleil
01:20	heure lever lune
15:40	heure coucher lune

Samedi 25

04:14	heure lever soleil
19:50	heure coucher soleil
01:43	heure lever lune
16:46	heure coucher lune

Dimanche 26

04:14	heure lever soleil
19:50	heure coucher soleil
02:08	heure lever lune
17:52	heure coucher lune

♊ **Lundi 27**

Personnalité du jour :
Scott Cunningham, auteur de livres sur la Wicca et la magie en général

04:15	heure lever soleil
19:50	heure coucher soleil
02:40	heure lever lune
18:54	heure coucher lune

♋ **Mardi 28**

Œuvre du jour :
La Vision de Faust,
Luis Riccardo Falero, 1878

04:15	heure lever soleil
19:50	heure coucher soleil
03:19	heure lever lune
19:51	heure coucher lune

♋ **Mercredi 29**

NOUVELLE LUNE

Végétal du jour :
Jasmin

04:16	heure lever soleil
19:50	heure coucher soleil
04:05	heure lever lune
20:40	heure coucher lune

♋ **Jeudi 30**

04:16	heure lever soleil
19:50	heure coucher soleil
05:00	heure lever lune
21:22	heure coucher lune

La grâce de l'imperfection

Il n'y a qu'un seul livre qui est sur toutes les listes de recommandations de lecture que reçoivent mes élèves : *La Grâce de l'imperfection* de Brene Brown. Travailleuse sociale, chercheuse en sciences humaines et sociales à l'université de Houston et conférencière, cette femme est une source d'inspiration inépuisable par ses livres mais aussi par les podcasts (en anglais) qu'elle propose en ligne. L'une des premières raisons pour lesquelles les gens n'osent pas pratiquer, c'est qu'ils veulent que cela soit parfait, alors ils attendent. Savez-vous le plus incroyable ? Certains attendent toute leur vie. Je ne peux pas leur en vouloir, dans ce monde où l'on condamne l'essai, où il faut que tout soit facile et fluide dès la première fois.

Sachez une chose : fait est mieux que parfait. Vivez sans réserve, cultivez votre courage, votre passion, votre audace dans votre pratique. Si vous saviez le nombre de belles choses que j'ai découvert grâce à des « erreurs » dans ma pratique ! Cela m'a permis de maturer, de me renforcer, d'aiguiser mes sens et c'est plus facile à retenir lorsque l'on se trompe, parce que l'on peut en rire.

Vue d'ensemble du trimestre

Après trois mois, c'est le bon moment pour vous faire une tisane et regarder ce que vous avez fait ou que vous pouvez reporter au mois suivant. Aviez-vous de petits objectifs qui ont finalement grandis au point d'exploser le compteur de productivité ? Ou alors, avez-vous commencé le trimestre le torse gonflé de motivation sans avoir anticipé les aléas de la vie ? Voici venu le temps de votre introspection : les points positifs, les points à améliorer, les heures où vous avez le plus pratiqué ou les périodes où vous n'aviez pas d'énergie du tout.

LE POSITIF

L'AMÉLIORABLE

AUTRE

Que pratique-t-on ce trimestre ?

Ici, je vous propose de vous concentrer sur deux domaines magiques pour les trois prochains mois, quitte à rajouter des tâches une fois les premières terminées. Chaque colonne ci-dessous est destinée à accueillir l'un de vos projets concernant votre bien-être, votre spiritualité ou votre pratique magique !

J'ai envie de pratiquer...

....

....

Matériel nécessaire

☐
☐
☐
☐
☐
☐
☐
☐
☐

Matériel nécessaire

☐
☐
☐
☐
☐
☐
☐
☐
☐

Notes

ACHATS ET BRICOLAGES DU MOIS

Juillet

L	M	M	J	V	S	D
				1	2	3
4	5	6	7	8	9	10
11	12	13	14	15	16	17
18	19	20	21	22	23	24
25	26	27	28	29	30	31

PHASES LUNAIRES

7 • premier quart
13 • pleine lune
20 • dernier quart
28 • nouvelle lune

AFFIRMATION OU CITATION DU MOIS

IMPORTANT

CUISINER DE SAISON

ail • artichaut • asperge • aubergine • betterave • blette • brocoli • carotte • concombre • courge • courgette • céleri • fenouil • haricot vert • laitue • maïs • oignon • petit pois • poivron • pomme de terre primeur • radis • épinard

abricot • cassis • cerise • figue • fraise • framboise • groseille • melon • myrtille • nectarine • pastèque • poire • prune • pêche • rhubarbe • tomate

avoine d'hiver et de printemps • blé dur d'hiver et de printemps • blé tendre d'hiver et de printemps • colza d'hiver et de printemps • fèves • orge d'hiver et de printemps • pois • seigle • triticale

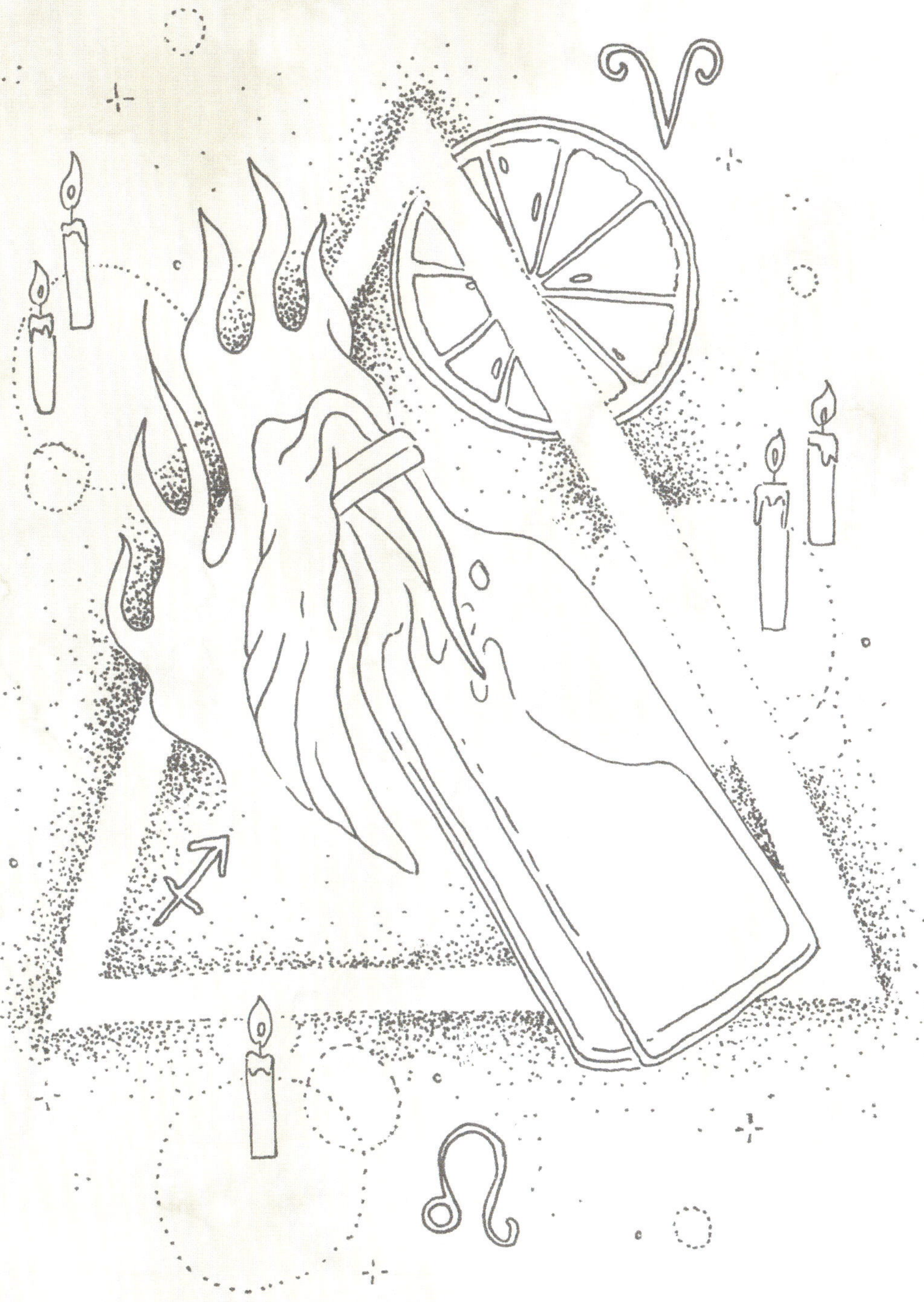

Juillet

Lundi	Mardi	Mercredi
4	5	6
11	12	13 pleine lune
18	19	20 dernier quartier
25	26	27

Jeudi	Vendredi	Samedi	Dimanche
	1	2	3
7 premier quartier	8	9	10
14	15	16	17
21	22	23	24
28 nouvelle lune	29	30	31

Traqueur d'humeur du mois

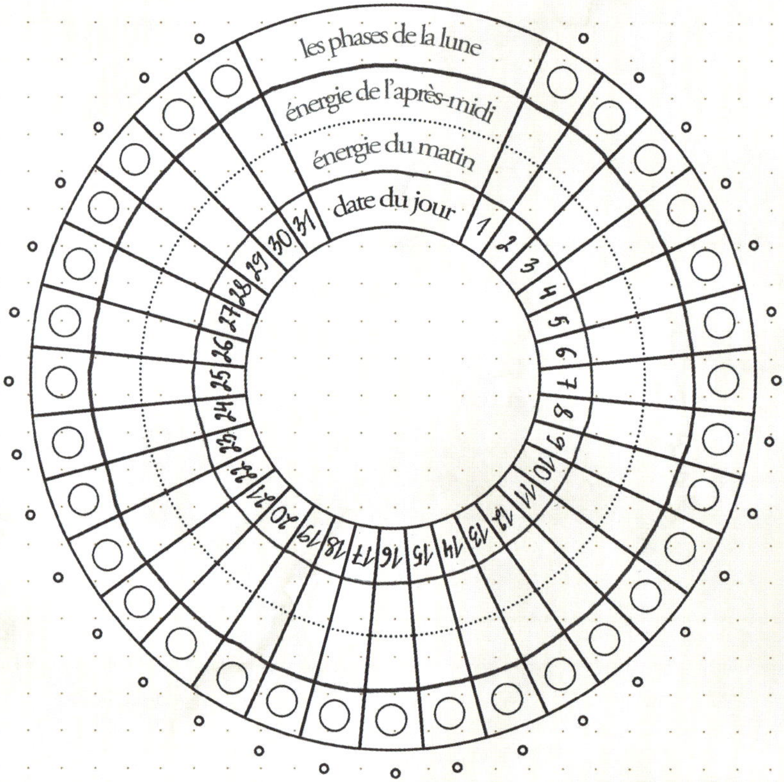

Je suis d'humeur…			
	☐ positive	☐ créative	☐
	☐ neutre	☐ spirituelle	☐
	☐ négative	☐ angoissée	☐

Tirage du mois

Voici le tirage général du mois. Il est possible de le faire avec un oracle ou un tarot, cela n'a pas d'importance. Si des lames « sautent » du jeu pendant que vous les battez, mettez-les de côté et gardez-les pour les interpréter à part.

DATE DE L'ÉTUDE

........./........./.........

ORACLE OU TAROT UTILISÉ

....

....

PHASE DE LA LUNE

○ ....

☐ Tirage avec les lames à l'envers

Ce qui m'attend ce mois-ci

Ce que je dois éviter

Ce sur quoi je dois me concentrer

MOTS-CLÉS

....

....

....

....

ANALYSE DU TIRAGE

.......arcanes majeurs ....arcanes mineurs

.......lames à l'endroit ....lames à l'envers

☐ Deniers ☐ Épées

☐ Bâtons ☐ Coupes

INTERPRÉTATION DU TIRAGE

RÉSUMÉ

N'oubliez pas de jouer

En 2022, je me fais une promesse : plus de burn out. Comment faire ? « Cultiver le jeu et le repos, lâcher prise sur l'épuisement comme symbole de réussite et sur la productivité comme valeur de soi. » Voici ce que nous offre Brene Brown dans son livre la *Grâce de l'imperfection*. Encore lui ! Pour changer, début 2021, j'ai chargé mon planning en me disant « laaaarrrge » et j'ai fini sur la bande d'arrêt d'urgence. Aujourd'hui je refuse cet épuisement, je refuse de participer à cette mise sur piédestal de cette pression constante pour justifier que mon travail est bon. Je prends plaisir à travailler et je trouve du bon dans les tâches moins intéressantes ou même, je les délègue.

Dans la pratique, c'est pareil : n'oubliez pas de rire et de vous accorder des moments de repos. Mon feu intérieur est tellement plus grand lorsque je mets de la joie dans ma pratique. Cela ne signifie pas que je ne passe pas du temps à me casser la tête sur certaines tâches ou pratiques. Je ne me force plus à être Bree Van de Kamp à plein temps. Fichez-vous la paix quand il y a des moments de vide dans votre grimoire de pratique. Soyez entièrement présent·e dans votre pratique lorsque vous pratiquez, réveillez cette joie enfantine lorsque vous trouvez une solution, option ou information. Parfois, agissez de manière spontanée dans votre pratique. Sinon vous finirez plus ridé qu'heureux·se, alors qu'on peut avoir les deux.

♌ Vendredi 1er

Outil du jour :
Coquillages

04:17 heure lever soleil
19:50 heure coucher soleil
06:01 heure lever lune
21:56 heure coucher lune

♌ Samedi 2

04:17 heure lever soleil
19:50 heure coucher soleil
07:05 heure lever lune
22:23 heure coucher lune

♍ Dimanche 3

Personnalité du jour :
Eryn, sorcière et herboriste créatrice du blog In Cauda Venenum et de la boutique Les Herbes d'Avalon, France

04:18 heure lever soleil
19:50 heure coucher soleil
08:11 heure lever lune
22:46 heure coucher lune

Lundi 4

04:19 heure lever soleil
19:49 heure coucher soleil
09:17 heure lever lune
23:06 heure coucher lune

Mardi 5

Célébration du jour :
Fête des esprits de la forêt

04:19 heure lever soleil
19:49 heure coucher soleil
10:24 heure lever lune
23:25 heure coucher lune

Mercredi 6

Découverte du jour :
ADN, James Watson et Francis Crick, 1953

04:20 heure lever soleil
19:49 heure coucher soleil
11:32 heure lever lune
23:44 heure coucher lune

Jeudi 7

PREMIER QUARTIER

04:21 heure lever soleil
19:48 heure coucher soleil
12:42 heure lever lune
--:-- heure coucher lune

Vendredi 8

Calendrier des arbres :
Tinne – Houx, 1er jour

04:22 heure lever soleil
19:48 heure coucher soleil
13:56 heure lever lune
00:04 heure coucher lune

Samedi 9

Œuvre du jour :
La Cuisine des sorcières,
David Teniers Le Jeune, 1635

04:22 heure lever soleil
19:47 heure coucher soleil
15:14 heure lever lune
00:27 heure coucher lune

Dimanche 10

04:23 heure lever soleil
19:47 heure coucher soleil
16:35 heure lever lune
00:56 heure coucher lune

Gommage de la sorcière

La simplicité est souvent la meilleure amie d'une sorcière, bien qu'elle soit souvent délaissée. Lorsque l'on débute et manque un peu de confiance, on a envie de faire grand, beau et parfois un peu fou. On veut du spectaculaire et de l'inoubliable ! Prenez une date incroyable (un diplôme, une naissance, une grande nouvelle…), est-ce que vos souvenirs sont encore précis sur chaque détail ? C'était pourtant un jour important, grand et spectaculaire. Maintenant, si je vous demande où se trouvent vos fourchettes, vous visualisez tout de suite et avez même le chemin pour y aller. Les petites choses simples, faites à répétition, sont souvent celles qui laissent le plus d'impact dans notre mémoire. Que diriez-vous de cultiver cette simplicité ensemble ?

FAIRE AVEC CE QUE L'ON A SOUS LA MAIN, PREMIÈRE RÈGLE DE LA SORCIÈRE

Les sirènes des réseaux sociaux nous montrent toujours mille merveilles à posséder, mais savons-nous déjà ce que nous avons ? Si vous avez un tiroir plein à craquer de thés et infusions, levez la main ! Vous, comme moi, le savez, il y a plusieurs recoins de nos maisons qui renferment des trésors oubliés.

Pour créer ces gommages, j'ai fouillé, me faisant la promesse de ne rien acheter pour les réaliser. Je triche un peu : sorcière depuis des années, j'ai eu le temps de céder aux sirènes avant de réussir à leur résister. Vous allez voir qu'au final, il n'y a besoin de rien d'extravagant pour pratiquer. Ces différentes recettes sont réalisables en utilisant seulement ce qui se trouve chez vous, parole de Lisbeth !

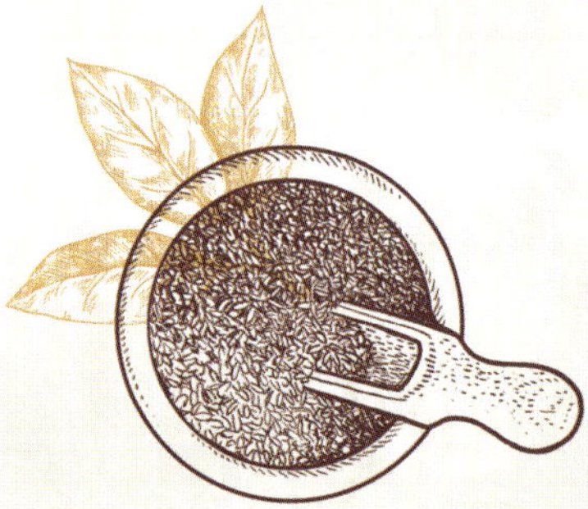

LE SECRET DU BONHEUR, C'EST DE SAVOIR OFFRIR

Acheter quelque chose n'est qu'un pansement lorsque l'on se sent un peu vide, mais offrir une occasion de sourire, c'est quelque chose qui réchauffe jusqu'au fond de l'âme. Je vous invite ici à allier deux choses magiques : pratiquer et offrir ! Pourquoi ne pas vous entraîner à faire vos gommages et en offrir à vos amis pour leur faire profiter de l'expérience ? Un joli pot récupéré, une étiquette décorée, une odeur délicieuse, un cadeau spontané pour rappeler aux autres qu'ils comptent. C'est cela, la magie !

Pas besoin ici de tracer un cercle ! Vous pouvez vous placer face au point cardinal qui influencera votre travail, ou encore prendre une carte de tarot qui représentera l'intention, faire brûler un encens ou écouter une musique qui nourrira votre esprit. Si vous voulez l'offrir à une personne en particulier, vous pouvez aussi écrire le nom de la personne/poser sa photo en dessous de votre bol de mélange, ou encore, la poser à côté de vous.

MÉLANGE DE BASE

Pour chaque gommage, je vous conseille d'utiliser ce mélange comme base, mais vous pouvez changer en fonction de ce qui a du sens pour vous.

- ¼ de tasse d'huile d'amande douce pour la compassion
- ¼ de tasse d'huile d'olive pour la santé

GOMMAGE DOUCEUR

- Base d'huile
- 6 cuillères à soupe de lavande séchée pour le bonheur et la sérénité
- 1 tasse de sucre pour la douceur et le réconfort

Suggestions de sorcière :

- Pleine lune ou dernier croissant
- Si vous avez besoin de chaleur tournez-vous vers le sud, si vous avez besoin de stabilité tournez-vous vers le nord
- Carte tarot : l'Étoile

GOMMAGE COUP DE FOUET

- Base d'huile
- 3 gouttes d'huile essentielle de menthe poivrée pour ouvrir le champ des possibles
- 1 tasse de marc de café sec pour l'énergie physique

Suggestions de sorcière :

- Premier quartier
- Profitez de l'énergie du feu en vous tournant vers le sud
- Carte tarot : le Magicien

GOMMAGE D'ANCRAGE

- Base d'huile
- Basilic séché pour faciliter l'élévation spirituelle et la protection
- Fleur de sel ou gros sel pour la mise à la terre et faire une pause avec le monde spirituel

Suggestions de sorcière :

- Dernier croissant
- Tournez-vous vers le nord pour renforcer le lien à la Terre
- Carte tarot : le Monde

Lundi 11

Ingrédient du jour :
Citron

04:24 heure lever soleil
19:46 heure coucher soleil
17:55 heure lever lune
01:33 heure coucher lune

Mardi 12

Créature du jour :
Kappa, « garçon de la rivière », génie ou diablotin d'eau, Japon

04:24 heure lever soleil
19:46 heure coucher soleil
19:09 heure lever lune
02:22 heure coucher lune

Mercredi 13

PLEINE LUNE

Personnalité du jour :
John Dee, occultiste britannique passionné par l'alchimie, la divination et l'hermétisme

04:25 heure lever soleil
19:45 heure coucher soleil
20:11 heure lever lune
03:26 heure coucher lune

Jeudi 14

04:26 heure lever soleil
19:45 heure coucher soleil
20:58 heure lever lune
04:43 heure coucher lune

Vendredi 15

Végétal du jour :
Bardane

04:27 heure lever soleil
19:44 heure coucher soleil
21:34 heure lever lune
06:05 heure coucher lune

Samedi 16

04:28 heure lever soleil
19:43 heure coucher soleil
22:02 heure lever lune
07:28 heure coucher lune

Dimanche 17

04:29 heure lever soleil
19:42 heure coucher soleil
22:26 heure lever lune
08:48 heure coucher lune

semaine du 18 au 24 juillet ○◑◐

♈ Lundi 18

Célébration du jour :
Fête de Ogma et Ogmios

04:30	heure lever soleil
19:42	heure coucher soleil
22:46	heure lever lune
10:03	heure coucher lune

♈ Mardi 19

Fait historique du jour :
Pendaison de Rebecca Nurse à Salem en 1692, États-Unis

04:31	heure lever soleil
19:41	heure coucher soleil
23:06	heure lever lune
11:14	heure coucher lune

♉ Mercredi 20

DERNIER QUARTIER

04:32	heure lever soleil
19:40	heure coucher soleil
23:25	heure lever lune
12:24	heure coucher lune

♉ Jeudi 21

Outil du jour :
Bolline

04:33	heure lever soleil
19:39	heure coucher soleil
23:47	heure lever lune
13:31	heure coucher lune

♉ Vendredi 22

Œuvre du jour :
Renaud et l'Enchanteresse Armide,
Antoine van Dyck, 1629-1632

04:34	heure lever soleil
19:38	heure coucher soleil
--:--	heure lever lune
14:38	heure coucher lune

♊ Samedi 23

04:35	heure lever soleil
19:37	heure coucher soleil
00:11	heure lever lune
15:44	heure coucher lune

♊ Dimanche 24

Signe du jour :
Lion (1er jour)
Élément Feu

04:36	heure lever soleil
19:36	heure coucher soleil
00:41	heure lever lune
16:47	heure coucher lune

Étude des lames

Ces pages sont pensées pour les tarots, mais vous pouvez tout aussi bien les adapter pour les oracles. Vous trouverez ici un nombre limité de ces pages, cependant vous pouvez vous rendre sur mon blog et télécharger des pages supplémentaires à imprimer ! Vous pouvez les scotcher où vous le souhaitez ici, ou encore faire un carnet d'étude dédié aux cartes à côté.

Ici, vous pouvez imprimer et coller une image de la lame

DATE DE L'ÉTUDE

....

LAME ÉTUDIÉE

....

DIFFÉRENCES ENTRE MES DECKS

....

....

....

....

INTERPRÉTATION DE LA LAME TIRÉE À L'ENDROIT

....

....

....

....

....

INTERPRÉTATION DE LA LAME TIRÉE À L'ENVERS

....

....

....

....

....

RESSENTI PERSONNEL VIS-À-VIS DE LA LAME

....

....

....

....

....

....

....

....

....

....

MES JEUX COMPRENANT CETTE LAME ET LEURS DIFFÉRENCES

....

....

....

....

....

CETTE LAME EST SORTIE LORS DES TIRAGES SUIVANTS

....

....

....

....

....

....

....

....

....

....

semaine du 25 au 31 juillet

Lundi 25

Végétal du jour :
Grenadier

04:37 heure lever soleil
19:35 heure coucher soleil
01:17 heure lever lune
17:46 heure coucher lune

Mardi 26

Outil du jour :
Miroir noir

04:38 heure lever soleil
19:34 heure coucher soleil
02:01 heure lever lune
18:38 heure coucher lune

Mercredi 27

Personnalité du jour :
Judika Illes, tarologue, aromathérapeuthe et écrivain d'ouvrages sur la sorcellerie, États-Unis

04:39 heure lever soleil
19:33 heure coucher soleil
02:54 heure lever lune
19:51 heure coucher lune

Jeudi 28

NOUVELLE LUNE

04:40 heure lever soleil
19:32 heure coucher soleil
03:53 heure lever lune
19:58 heure coucher lune

Vendredi 29

Animal du jour :
Escargot

04:41 heure lever soleil
19:31 heure coucher soleil
04:57 heure lever lune
20:27 heure coucher lune

Samedi 30

04:43 heure lever soleil
19:29 heure coucher soleil
06:04 heure lever lune
20:51 heure coucher lune

Dimanche 31

Personnalité du jour :
J.K Rowling, auteure de la célèbre série *Harry Potter*

04:44 heure lever soleil
19:28 heure coucher soleil
07:10 heure lever lune
21:12 heure coucher lune

Août

L	M	M	J	V	S	D
1	2	3	4	5	6	7
8	9	10	11	12	13	14
15	16	17	18	19	20	21
22	23	24	25	26	27	28
29	30	31				

PHASES LUNAIRES

5 • premier quart
12 • pleine lune
19 • dernier quart
27 • nouvelle lune

AFFIRMATION OU CITATION DU MOIS

IMPORTANT

CUISINER DE SAISON

ail • artichaut • aubergine • betterave • blette • brocoli • carotte • concombre • courge • courgette • céleri • fenouil • frisée • haricot vert • laitue • maïs • oignon • poivron • pomme de terre primeur • radis • épinard

abricot • cassis • figue • fraise • framboise • groseille • melon • mirabelle • myrtille • mûre • nectarine • noisette • pastèque • poire • pomme • prune • pruneau • pêche • raisin • tomate

avoine d'hiver et de printemps • blé dur d'hiver et de printemps • blé tendre d'hiver et de printemps • fève • orge de printemps • pois • seigle • triticale

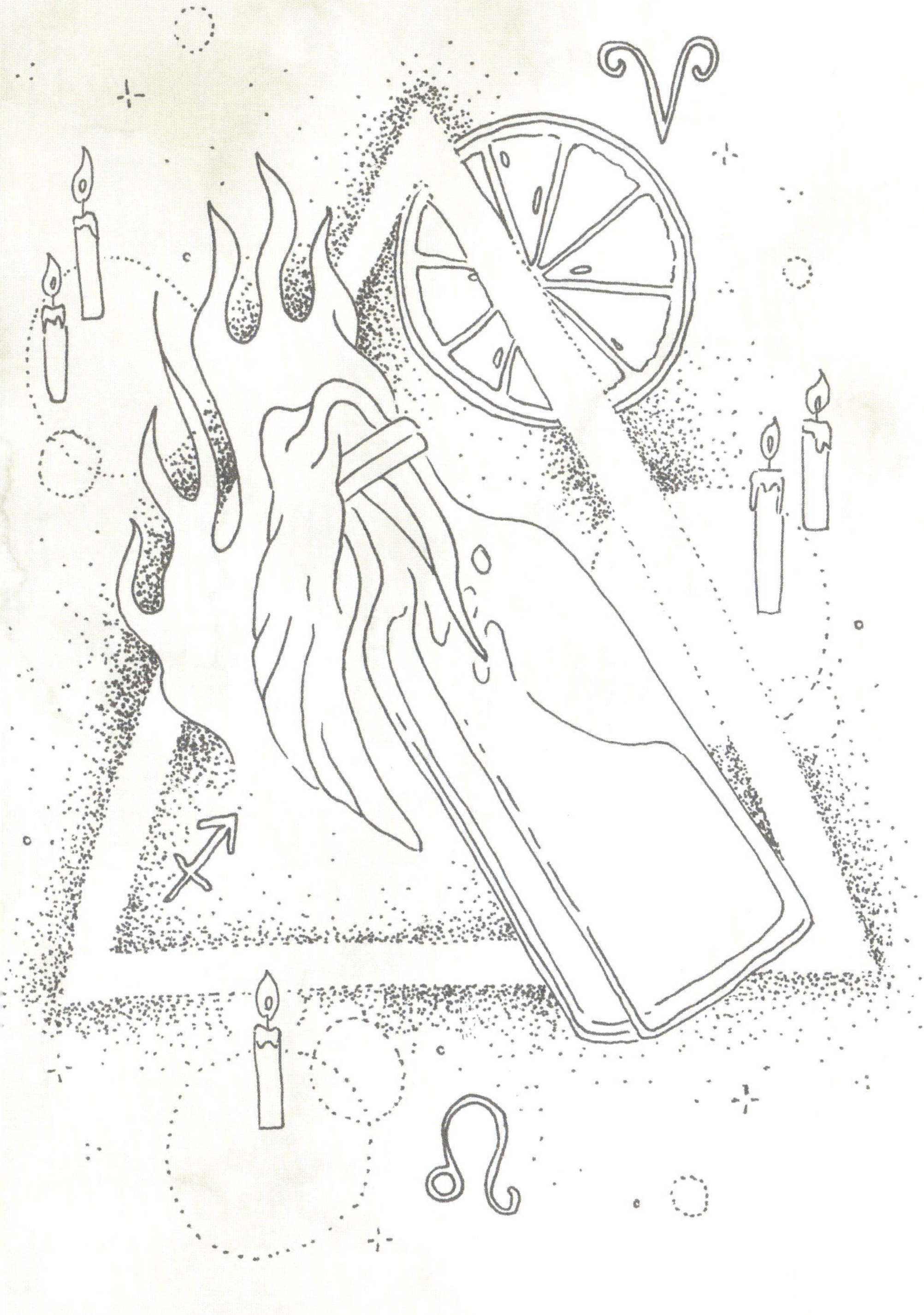

Août

Lundi	Mardi	Mercredi
1	2	3
8	9	10
15	16	17
22	23	24
29	30	31

Jeudi	Vendredi	Samedi	Dimanche
4	5 premier quartier	6	7
11	12 pleine lune	13	14
18	19 dernier quartier	20	21
25	26	27 nouvelle lune	28

Traqueur d'humeur
du mois

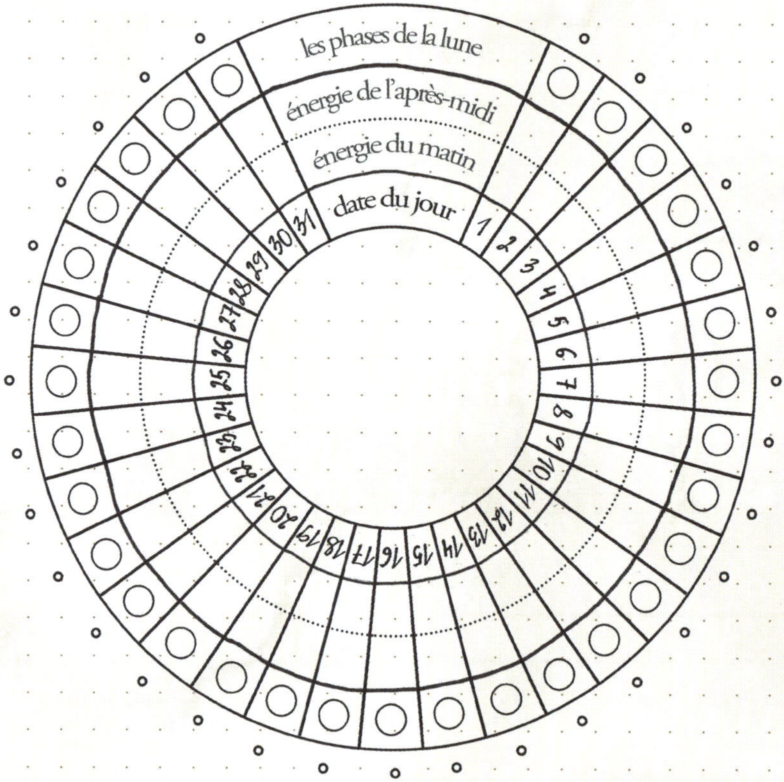

Je suis d'humeur…

- ☐ positive
- ☐ neutre
- ☐ négative
- ☐ créative
- ☐ spirituelle
- ☐ angoissée
- ☐
- ☐
- ☐

Tirage du mois

Voici le tirage général du mois. Il est possible de le faire avec un oracle ou un tarot, cela n'a pas d'importance. Si des lames « sautent » du jeu pendant que vous les battez, mettez-les de côté et gardez-les pour les interpréter à part.

DATE DE L'ÉTUDE

........./........./.........

ORACLE OU TAROT UTILISÉ

....

....

PHASE DE LA LUNE

○ ....

☐ Tirage avec les lames à l'envers

Ce qui m'attend ce mois-ci

Ce que je dois éviter

Ce sur quoi je dois me concentrer

MOTS-CLÉS

....

....

....

....

ANALYSE DU TIRAGE

.......arcanes majeurs ....arcanes mineurs

.......lames à l'endroit ....lames à l'envers

☐ Deniers ☐ Épées

☐ Bâtons ☐ Coupes

INTERPRÉTATION DU TIRAGE

RÉSUMÉ

♍ Lundi 1er

Célébration du jour :
Lugnasad, fête du pain
et de la première récolte

04:45 heure lever soleil
19:27 heure coucher soleil
08:17 heure lever lune
21:31 heure coucher lune

♎ Mardi 2

Personnalité du jour :
Edward Kelley, alchimiste, scribe
et homme de loi anglais

04:46 heure lever soleil
19:26 heure coucher soleil
09:24 heure lever lune
21:50 heure coucher lune

♎ Mercredi 3

Célébration du jour :
Margarita de minuit

04:47 heure lever soleil
19:24 heure coucher soleil
10:33 heure lever lune
22:09 heure coucher lune

♏ Jeudi 4

04:48 heure lever soleil
19:23 heure coucher soleil
11:43 heure lever lune
22:30 heure coucher lune

♏ Vendredi 5

PREMIER QUARTIER

Calendrier des arbres :
Coll – Noisetier, Quert – Pommier
sauvage, 1er jour

04:49 heure lever soleil
19:22 heure coucher soleil
12:57 heure lever lune
22:55 heure coucher lune

♐ Samedi 6

04:51 heure lever soleil
19:20 heure coucher soleil
14:15 heure lever lune
23:27 heure coucher lune

♐ Dimanche 7

04:52 heure lever soleil
19:19 heure coucher soleil
15:34 heure lever lune
--:-- heure coucher lune

Lundi 8

Végétal du jour :
Datura

04:53 heure lever soleil
19:18 heure coucher soleil
16:49 heure lever lune
00:09 heure coucher lune

Mardi 9

Personnalité du jour :
Iris, médium et tarologue passionnée par l'Égypte, créatrice du blog Les Chroniques du tarot, France

04:54 heure lever soleil
19:16 heure coucher soleil
17:55 heure lever lune
01:04 heure coucher lune

Mercredi 10

Pierre du jour :
Opale

04:55 heure lever soleil
19:15 heure coucher soleil
18:48 heure lever lune
02:14 heure coucher lune

Jeudi 11

Outil du jour :
Argile

04:56 heure lever soleil
19:13 heure coucher soleil
19:28 heure lever lune
03:34 heure coucher lune

Vendredi 12

PLEINE LUNE

04:58 heure lever soleil
19:12 heure coucher soleil
20:00 heure lever lune
04:57 heure coucher lune

Samedi 13

Divinité du jour :
Pomone ou Pomona, nymphe et déesse des Fruits

04:59 heure lever soleil
19:10 heure coucher soleil
20:26 heure lever lune
06:20 heure coucher lune

Dimanche 14

05:00 heure lever soleil
19:09 heure coucher soleil
20:48 heure lever lune
07:39 heure coucher lune

La légitimité spirituelle

« Je ne me sens pas légitime, alors je n'ose pas pratiquer ou poser des questions, aller à des rassemblements ou événements. Je n'ose pas aller à la rencontre des autres parce que j'ai peur qu'on se moque ou que l'on soit très dur avec moi alors que je suis juste curieux·se. » Qui n'a jamais eu ce genre de pensées lui traversant l'esprit ? Les communautés païennes, sorcières et occultes peuvent se montrer très rudes, voire aggressives, lorsque l'on débute. La diversité de croyances, de motivations ainsi que les questions répétées en boucle peuvent avoir raison de leurs nerfs, même après trente ans de pratique, nous restons des humains ! Comment se sentir légitime dans ce vaste océan spirituel ?

AUCUNE VÉRITÉ

C'est sans doute le plus difficile à concevoir lorsqu'on débute et à accepter lorsque l'on est avancé dans la pratique spirituelle : personne ne sait LA vérité. Être croyant, c'est consacrer une grande partie de sa vie à ce que l'on ne peut pas prouver, ce qui n'a aucune tangibilité. Les croyances sont un ensemble de principes, valeurs et rituels qui nous permettent (entre autre) de traverser notre vie au mieux.

ARRÊTER DE SE COMPARER

Habitude toxique par excellence ! Vous n'avez pas la même vie, la même manière de penser, les mêmes centres d'intérêt que les autres. Respirez. Si vous voulez vous comparer aux autres, faites-le pour vous aider à investir dans des actions qui vous rapprochent de qui vous voulez être : ceux que vous admirez et avec qui vous vous comparez, qu'ont-ils que vous désirez ? Comment pouvez-vous l'atteindre ? Utilisez la comparaison comme une motivation.

L'EFFET DUNNING-KRUGER

J'ai remarqué un effet intéressant lorsque l'on navigue en ligne : les novices sont parfois les plus prompts à se chicaner pour des procédés ou « vérités ». Lorsque l'on débute, les connaissances fragiles mélangées à un désir de reconnaissance (de soi-même ou des autres) rendent souvent les échanges agressifs. Lorsque l'on surévalue l'étendue de nos connaissances ou lorsque l'on sent nos fondations menacées, car non partagées avec certains, le ton peut monter rapidement. Prenez du recul sur ce que l'on vous dit, ce que vous lisez en ligne et même ce qui se trouve dans ce grimoire de pratique ! L'effet Dunning-Kruger explique qu'au début du chemin, nous avons l'impression de savoir plus que nous en savons et qu'ensuite, nous reprenons nos esprits en réalisant l'étendue des connaissances existantes et gagnons en humilité. Si nous persévérons et travaillons avec constance, nous reprendrons confiance et pourrions même devenir un·e spécialiste de notre domaine. Soyez patient·e et indulgent·e avec vous-même !

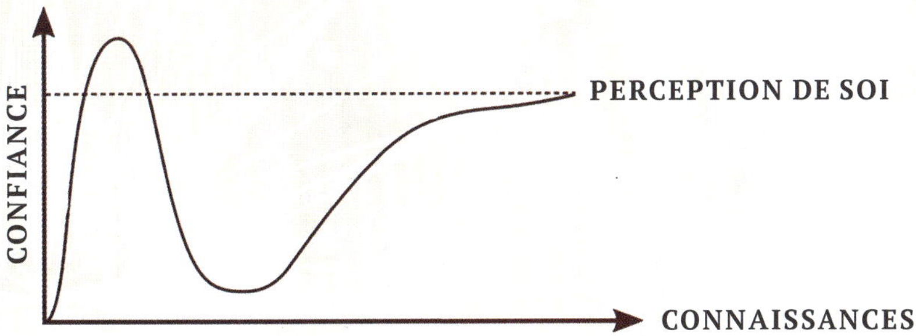

FUIR LES GROUPES TOXIQUES

Si les novices peuvent en venir aux mains, les anciens ne sont pas beaucoup plus nuancés parfois ! Il existe différents regroupements (sur les forums, Facebook, ClubHouse, etc.) qui tenteront de vous faire adhérer de force à leurs idées et valeurs. Tout groupe cherchant à vous dire qu'il n'y a qu'une voie est à approcher avec méfiance. Cependant, si c'est un groupe consacré spécifiquement à une tradition, alors effectivement les valeurs, principes et croyances sont fixes et souvent non discutables. Et il existe beaucoup de très bons endroits !

TROUVER SES INSPIRATIONS

Lorsque vous allez avoir un peu navigué, vous aurez des figures qui seront plus proches de ce que vous cherchez à incarner et qui auront des croyances se rapprochant des vôtres. Mes inspirations aujourd'hui sont Gordon White, Judika Illes, John Beckett et Sandra Kynes. Tous sont très travailleurs, curieux, généreux et ont des croyances qui nourrissent mes réflexions. Cela ne signifie pas qu'ils sont parfaits ou que je suis en accord avec tout, mais plus nous avons de connaissances, plus nous faisons preuve de nuance et de tolérance envers les autres pratiquants.

Lundi 15

Personnalité du jour :
Charles Leland, journaliste américain intéressé par les traditions et la linguistique folklorique

05:01 heure lever soleil
19:07 heure coucher soleil
21:08 heure lever lune
08:55 heure coucher lune

Mardi 16

Œuvre du jour :
The Escape of a Heretic,
John Everett Millais, 1559

05:02 heure lever soleil
19:05 heure coucher soleil
21:28 heure lever lune
10:07 heure coucher lune

Mercredi 17

05:04 heure lever soleil
19:04 heure coucher soleil
21:49 heure lever lune
11:18 heure coucher lune

Jeudi 18

Pierre du jour :
Sélénite

05:05 heure lever soleil
19:02 heure coucher soleil
22:13 heure lever lune
12:27 heure coucher lune

Vendredi 19

DERNIER QUARTIER

05:06 heure lever soleil
19:00 heure coucher soleil
22:41 heure lever lune
13:34 heure coucher lune

Samedi 20

Personnalité du jour :
Ann Moura, auteure d'ouvrages sur la magie dite « verte », ainsi que sur la religion et le néopaganisme, États-Unis

05:07 heure lever soleil
18:59 heure coucher soleil
23:15 heure lever lune
14:39 heure coucher lune

Dimanche 21

05:08 heure lever soleil
18:57 heure coucher soleil
23:57 heure lever lune
15:40 heure coucher lune

Lundi 22

Œuvre du jour :
Portrait de Madame Stuart Merrill ou Mysteriosa, Jean Delville, 1892

05:09	heure lever soleil
18:55	heure coucher soleil
--:--	heure lever lune
16:34	heure coucher lune

Mardi 23

Célébration du jour :
Jour des esprits du Feu

05:11	heure lever soleil
18:54	heure coucher soleil
00:47	heure lever lune
17:20	heure coucher lune

Mercredi 24

Signe du jour :
Vierge (1er jour)
Élément Terre

05:12	heure lever soleil
18:52	heure coucher soleil
01:44	heure lever lune
17:59	heure coucher lune

Jeudi 25

Végétal du jour :
Érable

05:13	heure lever soleil
18:50	heure coucher soleil
02:47	heure lever lune
18:30	heure coucher lune

Vendredi 26

05:14	heure lever soleil
18:49	heure coucher soleil
03:53	heure lever lune
18:56	heure coucher lune

Samedi 27

NOUVELLE LUNE

Phénomène du jour :
Une paréidolie : identifier une forme familière dans un nuage, de la fumée, une tache ou de la cire coulée

05:15	heure lever soleil
18:47	heure coucher soleil
05:01	heure lever lune
19:18	heure coucher lune

Dimanche 28

05:17	heure lever soleil
18:45	heure coucher soleil
06:08	heure lever lune
19:38	heure coucher lune

Lundi 29

Animal du jour :
Méduse

05:18 heure lever soleil
18:43 heure coucher soleil
07:16 heure lever lune
19:56 heure coucher lune

Mardi 30

Personnalité du jour :
Pamela Colman-Smith, membre de la Golden Dawn, féministe, artiste ayant illustré le Rider Waite, Angleterre

05:19 heure lever soleil
18:41 heure coucher soleil
08:25 heure lever lune
20:15 heure coucher lune

Mercredi 31

Personnalité du jour :
Raymond Buckland, écrivain anglais spécialisé dans la Wicca et l'occulte

05:20 heure lever soleil
18:40 heure coucher soleil
09:35 heure lever lune
20:35 heure coucher lune

Tendance ne veut pas dire inoffensif

Je passe probablement trop de temps sur Internet, c'est un fait. Combien de fois je me suis retrouvée à lire un article en me disant : « Nope, c'est parti, je quitte Internet et je vais me laver les yeux ». Certains aspects sont purement subjectifs et ne parlent pas du tout à mes croyances et j'essaye au mieux de cultiver la tolérence vis-à-vis des croyances des autres (comme j'aimerais qu'on le fasse pour les miennes). D'autres sont clairement problématiques, car peuvent mettre en danger les gens, comme les huiles essentielles. Très à la mode dernièrement, des influenceurs sur la toile ventent les vertus des huiles, sans avoir eu de réelle formation sur leur utilisation et dangers. J'en ai même vu proposer des dosages non dilués à avaler plusieurs fois par jour, ce qui peut avoir de très graves conséquences. Le second problème est qu'il faut une quantité importante de plantes pour créer des huiles essentielles, les plus populaires sont donc cultivées de façon intensive et non responsable pour répondre à la demande.

C'est difficile de voir tout ce qui se cache derrière les sollicitations en ligne, je suis moi-même très tentée de tester beaucoup d'outils et suivre certaines tendances, je ne jette la pierre à personne. Parfois j'achète des choses en me disant « gnnnnh c'est cracra, mais si j'achète 2 choses cracra par an, que le reste du temps je fais local et responsable, alors okay, vendu. » Trouvez votre équilibre et surtout, prenez une semaine avant de faire un achat, puis demandez-vous : « Est-ce nécessaire ? »

Septembre

L	M	M	J	V	S	D
			1	2	3	4
5	6	7	8	9	10	11
12	13	14	15	16	17	18
19	20	21	22	23	24	25
26	27	28	29	30		

PHASES LUNAIRES

- 3 • premier quart
- 10 • pleine lune
- 17 • dernier quart
- 25 • nouvelle lune

AFFIRMATION OU CITATION DU MOIS

IMPORTANT

CUISINER DE SAISON

ail • artichaut • aubergine • betterave • blette • brocoli • carotte • chou • chou de Bruxelles • chou-fleur • concombre • courge • courgette • céleri • fenouil • frisée • haricot vert • laitue • maïs • oignon • poivron • pomme de terre • potiron • radis • épinard

coing • figue • melon • mirabelle • myrtille • mûre • noisette • noix • pastèque • poire • pomme • prune • pruneau • pêche • raisin • tomate

tournesol

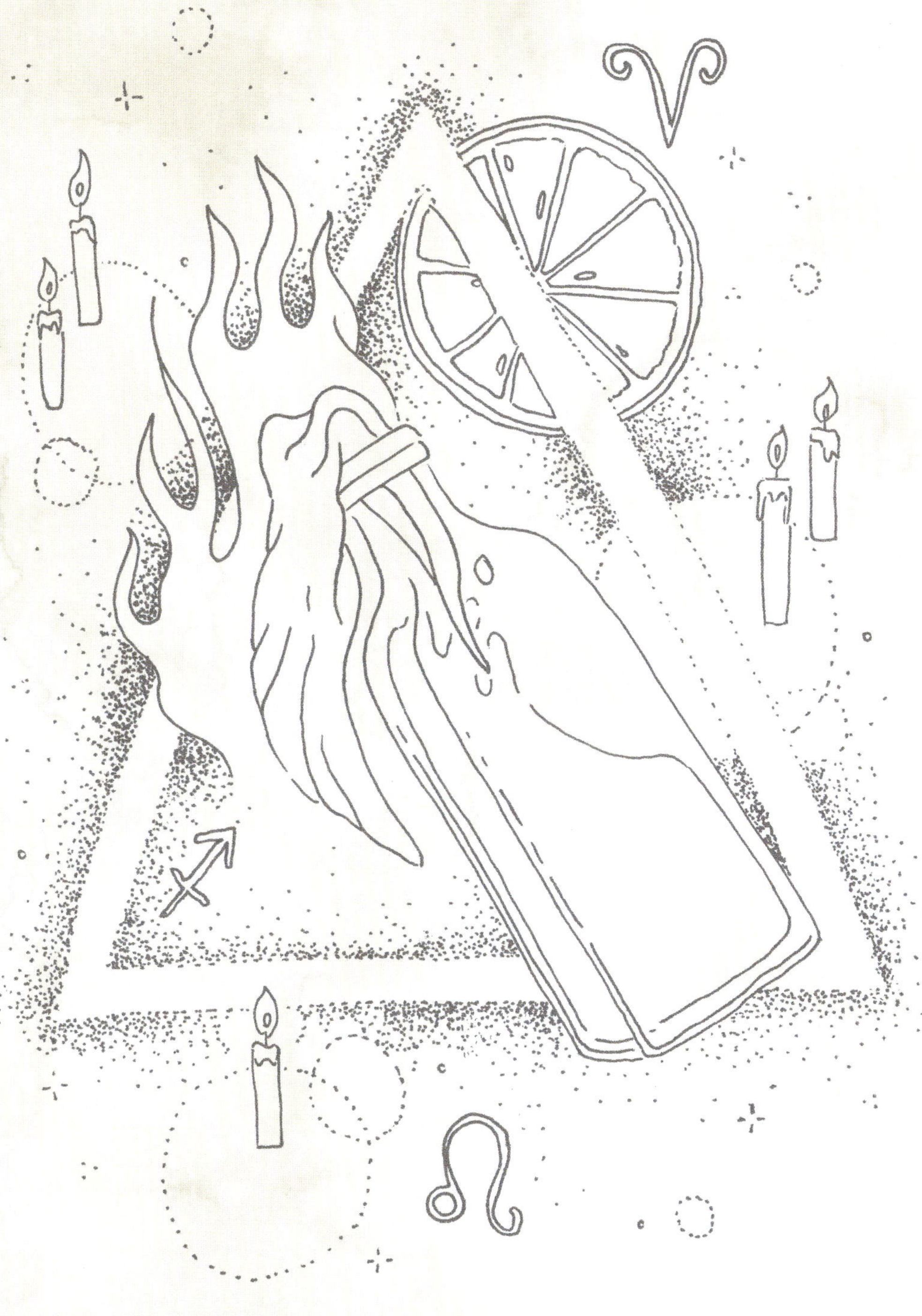

Septembre

Lundi	Mardi	Mercredi
5	6	7
12	13	14
19	20	21
26	27	28

Jeudi	Vendredi	Samedi	Dimanche
1	2	3 premier quartier	4
8	9	10 pleine lune	11
15	16	17 dernier quartier	18
22	23	24	25 nouvelle lune
29	30		

Traqueur d'humeur du mois

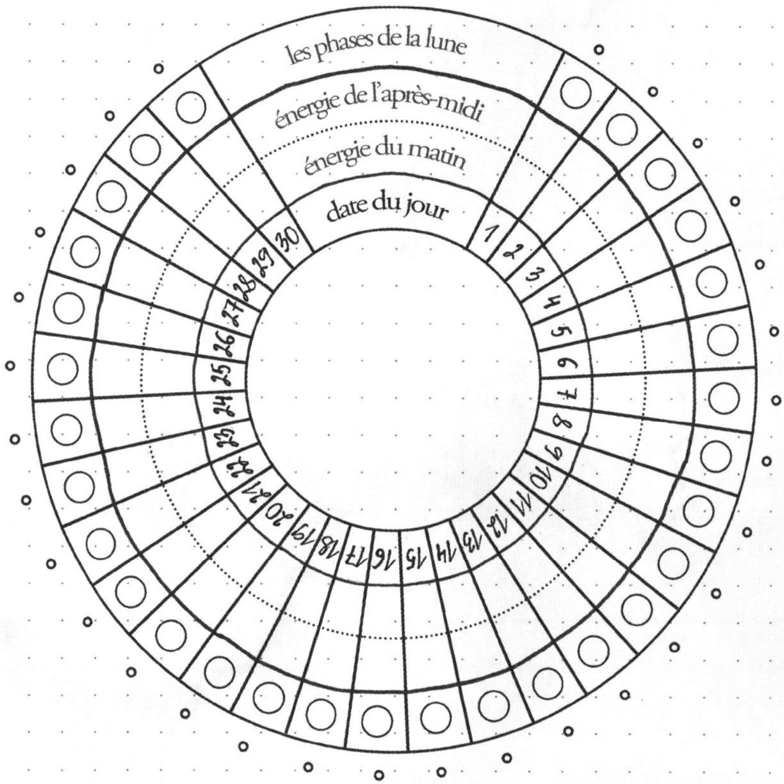

Je suis d'humeur…

- ☐ positive
- ☐ neutre
- ☐ négative
- ☐ créative
- ☐ spirituelle
- ☐ angoissée
- ☐
- ☐
- ☐

Tirage du mois

Voici le tirage général du mois. Il est possible de le faire avec un oracle ou un tarot, cela n'a pas d'importance. Si des lames « sautent » du jeu pendant que vous les battez, mettez-les de côté et gardez-les pour les interpréter à part.

DATE DE L'ÉTUDE

........./........./.........

ORACLE OU TAROT UTILISÉ

....

....

PHASE DE LA LUNE

○ ....

☐ Tirage avec les lames à l'envers

Ce qui m'attend ce mois-ci

Ce que je dois éviter

Ce sur quoi je dois me concentrer

MOTS-CLÉS

....

....

....

....

ANALYSE DU TIRAGE

.......arcanes majeurs ....arcanes mineurs

.......lames à l'endroit ....lames à l'envers

☐ Deniers ☐ Épées

☐ Bâtons ☐ Coupes

INTERPRÉTATION DU TIRAGE

RÉSUMÉ

Préparer l'arrivée de la saison sombre

Lisbeth, tu es tombée sur la tête, il fait si beau ! Du moins je l'espère au moment où je l'écris. Début septembre est la période que je préfère de l'année parce que la nature est abondante, c'est le moment idéal pour faire des conserves maison remplies de légumes gorgés de soleil qui seront parfaits durant la saison sombre. Nous sommes déconnectés de la terre dans notre alimentation à cause des supermarchés, mais si vous en avez la possibilité, faites une sortie au verger. C'est un excellent moyen de mieux comprendre les saisons, la manière dont pousse ce qui arrive dans nos assiettes. Si l'on n'y prend pas garde, la saison sombre sera composée de choux et pomme de terre !

♏ Jeudi 1er

05:21 heure lever soleil
18:38 heure coucher soleil
10:48 heure lever lune
20:59 heure coucher lune

♐ Vendredi 2

Calendrier des arbres :
Muin – Vigne, 1er jour

05:23 heure lever soleil
18:36 heure coucher soleil
12:03 heure lever lune
21:27 heure coucher lune

♐ Samedi 3

PREMIER QUARTIER

05:24 heure lever soleil
18:34 heure coucher soleil
13:21 heure lever lune
22:04 heure coucher lune

♐ Dimanche 4

Personnalité du jour :
Biddy Early, guérisseuse irlandaise qui disait tirer une partie de son savoir du Petit Peuple

05:25 heure lever soleil
18:32 heure coucher soleil
14:36 heure lever lune
22:53 heure coucher lune

Étude des cristaux

Les pierres fascinent beaucoup de pratiquants par leur diversité, mais aussi par leur côté mystérieux : il faut creuser profondément la terre (le plus souvent à coup de dynamite) pour aller chercher ces trésors naturels qui mettent pour la plupart des milliards d'années à se former. Voici un espace pour les étudier !

NOM COMMUN

....

NOMS SECONDAIRES

....

CHAKRAS

....

SIGNE ZODIACAL/PLANÈTE

....

ASPECT ET PARTICULARITÉS

....

....

....

....

....

PURIFICATION

....

ENTRETIEN

....

DYNAMISATION

....

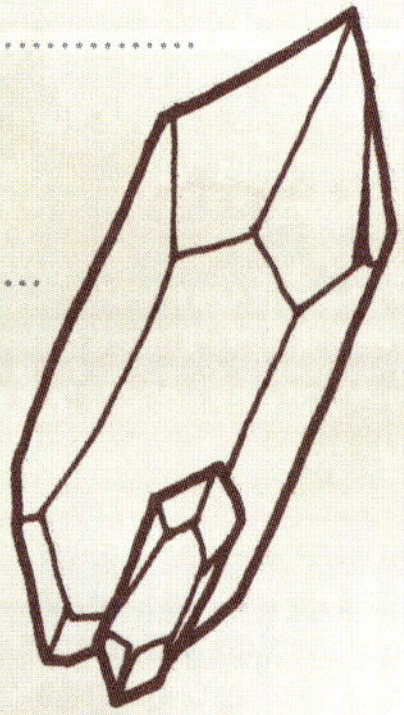

PROPRIÉTÉS, NOTES, REMARQUES ET USAGES

semaine du 5 au 11 septembre

Lundi 5

Film du jour :
Le Mystère des fées : une histoire vraie, deux petites filles après la guerre disent avoir rencontré des fées

05:26 heure lever soleil
18:30 heure coucher soleil
15:43 heure lever lune
23:54 heure coucher lune

Mardi 6

Créature du jour :
Leprechaun, c'est un farceur, il compte soigneusement son or qu'il cache au pied d'un arc-en-ciel, Irlande

05:27 heure lever soleil
18:29 heure coucher soleil
16:40 heure lever lune
--:-- heure coucher lune

Mercredi 7

Célébration du jour :
Jour des guérisseurs et des guérisseuses

05:29 heure lever soleil
18:27 heure coucher soleil
17:24 heure lever lune
01:08 heure coucher lune

Jeudi 8

05:30 heure lever soleil
18:25 heure coucher soleil
17:58 heure lever lune
02:29 heure coucher lune

Vendredi 9

05:31 heure lever soleil
18:23 heure coucher soleil
18:25 heure lever lune
03:51 heure coucher lune

Samedi 10

PLEINE LUNE

Personnalité du jour :
Marie Laveau, prêtresse vaudou francophone renommée de La Nouvelle-Orléans

05:32 heure lever soleil
18:21 heure coucher soleil
18:48 heure lever lune
05:11 heure coucher lune

Dimanche 11

Série du jour :
Charmed, trois sœurs combattant les forces du mal, une série remplie de clins d'œil à la sorcellerie réelle !

05:33 heure lever soleil
18:19 heure coucher soleil
19:09 heure lever lune
06:29 heure coucher lune

En attendant l'automne

La fin de l'été est sans doute la période de l'année que je préfère. Les récoltes sont abondantes, les feuilles se colorent, mais le temps est délicieux. Par chez moi, ça commence à sentir la mousse et les nuits d'orage, grisantes et pétillantes comme seuls les événements inattendus et saisis dans l'instant savent l'être. C'est un moment où beaucoup guettent l'automne. Je vous imagine, regardant votre calendrier, lunettes sur le museau, la mine déconfite en réalisant qu'officiellement les tambours de l'automne ne sonnent que le 23 septembre. Qu'à cela ne tienne ! S'il nous faut attendre, nous allons en faire un moment de magie, déroulant le tapis d'honneur à cette douce saison.

PRÉPARER SES VALISES POUR PARTIR À LA RENCONTRE DE L'AUTOMNE

Avant toute chose, que vous faut-il ? Un carnet dans lequel coucher vos travaux magiques, il sera le parfait partenaire pour notre aventure. Vous pouvez aussi prendre une bougie, j'ai personnellement une préférence pour les chandelles.

Durant la première semaine, je vous propose de mettre à plat vos envies magiques. Pour cela, vous aurez besoin d'une paire de ciseaux et d'une feuille de papier au minimum, au maximum d'une imprimante en plus.

Si je récapitule, il vous faut :

- une bougie
- un carnet de sorcière
- une paire de ciseaux
- le ou les crayons de votre choix
- une feuille de papier d'imprimante

Pour commencer, je vous invite... à mettre le nez dehors ! Prenez le temps de lever le nez dans un parc ou dans les bois. Laissez votre téléphone au fond de votre sac, oubliez votre montre et mettez-vous en quête d'une jolie feuille qui vous fait penser à l'automne. Lorsque vous l'avez trouvée, remerciez l'arbre qui lui a donné vie. Si vous en avez envie, vous pouvez laisser une offrande en retour. J'ai l'habitude d'avoir un petit sachet de graines à oiseaux dans mes sacs pour ce genre d'occasion. Faites-la sécher avant de la mettre dans votre journal de sorcière. Cela sera un joli échauffement magique avant l'atelier suivant : la cocotte de sorcière. Oui, vous avez bien lu.

LA COCOTTE DE SORCIÈRE

Qu'est-ce que… ? Mais oui ! C'est bien la cocotte en papier de votre enfance, en tout cas de la mienne. Combien de décisions ai-je pu prendre grâce à cette méthode, aux résultats confirmés par des centaines d'études scientifiques très sérieuses. Pourquoi ne pas l'utiliser aussi en sorcellerie ?

Cela vous est-il déjà arrivé, d'avoir envie de vous atteler à la sorcellerie, sans savoir par quoi commencer ou encore quelle discipline choisir ? La cocotte d'études magique a été créée par mes soins pour cette situation. Pour commencer, prenez votre carnet (ou journal) de sorcière et votre plume pour coucher sur papier les différentes matières que vous souhaitez étudier, les expériences que vous souhaitez faire, les livres que vous souhaitez enfin ouvrir (pourquoi ne pas faire un petit tour dans votre pile à lire ou la bibliographie de l'agenda ?) ou finir, etc.

Voici quelques idées pour les moins inspirés ou ceux qui auraient du mal à se lancer :

Divination • Tarot • Oracle • Chiromancie • Encens • Plantes de sorcières • Planètes • Thème astral • Magie draconique • Généalogie • Magie des fourneaux • Panthéons • Sigil • Chaos Magick • Purification • Anges • Cristaux • Outils • Magie du quotidien • Sabbats • Yoga • Méditation • Visualisation • Lecture • Médiumnité • Runes • Animaux • Chakras • Guides spirituels

Une fois la liste établie, prenez une feuille et pliez-la (si comme moi vous avez besoin d'un petit rafraîchissement de mémoire, il existe pléthore de vidéos sur YouTube) pour ensuite pouvoir la remplir. Parmi la liste que vous avez établie précédemment, il vous faut choisir 8 éléments qui vous font le plus envie en cet instant et les inscrire sous les plis à réponses. Vous pouvez aussi faire des cocottes à thème (lecture, plantes…). À présent que votre cocotte de sorcière est prête, je vous suggère de la plier avant de la glisser dans votre journal, afin de mettre le tout sous votre oreiller le temps d'une nuit. Elle sera ainsi reliée à votre inconscient et à vos rêves.

Lorsque vous serez liés, elle sera prête à vous épauler dans votre pratique.

APPRENDRE PAR HASARD

Vous pouvez tout à fait créer des systèmes différents pour organiser votre apprentissage, tout en laissant le hasard vous accompagner. Une liste infinie de thèmes et des dés de jeu de rôle est une très chouette idée. Vous pouvez aussi faire des bocaux à thème avec des papiers pliés regroupant toutes vos envies, tous vos désirs. J'aime beaucoup ce fonctionnement parce qu'il retire cette impression angoissante de devoir faire un choix.

Bon apprentissage !

Lundi 12

Outil du jour :
Huile essentielle d'ylang-ylang

05:34	heure lever soleil
18:17	heure coucher soleil
19:29	heure lever lune
07:44	heure coucher lune

Mardi 13

Découverte du jour :
Loi de l'attraction universelle, Isaac Newton, XVIIe siècle

05:36	heure lever soleil
18:15	heure coucher soleil
19:50	heure lever lune
08:57	heure coucher lune

Mercredi 14

05:37	heure lever soleil
18:13	heure coucher soleil
20:13	heure lever lune
10:09	heure coucher lune

Jeudi 15

Animal du jour :
Crapaud feuille

05:38	heure lever soleil
18:12	heure coucher soleil
20:40	heure lever lune
11:19	heure coucher lune

Vendredi 16

Personnalité du jour :
Karlota Alevosia, tarologue et sorcière anarcho-chaote, mélange sorcellerie et politique, France

05:39	heure lever soleil
18:10	heure coucher soleil
21:12	heure lever lune
12:26	heure coucher lune

Samedi 17

DERNIER QUARTIER

Ingrédient du jour :
Sel d'Himalaya

05:40	heure lever soleil
18:08	heure coucher soleil
21:51	heure lever lune
13:30	heure coucher lune

Dimanche 18

Végétal du jour :
Lilas

05:42	heure lever soleil
18:06	heure coucher soleil
22:38	heure lever lune
14:28	heure coucher lune

Lundi 19

Personnalité du jour :
Jean-Baptiste Alliette, dit Etteillia, occultiste et cartomancien, France

05:43 heure lever soleil
18:04 heure coucher soleil
23:33 heure lever lune
15:17 heure coucher lune

Mardi 20

Célébration du jour :
Jour de sortie du premier *Agenda de pratiqu*e, mon premier livre publié !

05:44 heure lever soleil
18:02 heure coucher soleil
--:-- heure lever lune
15:58 heure coucher lune

Mercredi 21

05:45 heure lever soleil
18:00 heure coucher soleil
00:34 heure lever lune
16:32 heure coucher lune

Jeudi 22

Œuvre du jour :
Trois Femmes et Trois Loups,
Eugène Grasset, 1892

05:46 heure lever soleil
17:58 heure coucher soleil
01:39 heure lever lune
16:59 heure coucher lune

Vendredi 23

Célébration du jour :
Mabon, équinoxe d'automne

05:48 heure lever soleil
17:56 heure coucher soleil
02:46 heure lever lune
17:23 heure coucher lune

Samedi 24

Signe du jour :
Balance (1er jour)
Élément Air

05:49 heure lever soleil
17:54 heure coucher soleil
03:55 heure lever lune
17:43 heure coucher lune

Dimanche 25

NOUVELLE LUNE

Outil du jour :
Tambour

05:50 heure lever soleil
17:52 heure coucher soleil
05:03 heure lever lune
18:02 heure coucher lune

Lundi 26

Film du jour :
The Lords of Salem, un vinyle mystérieux qui crée un traumatisme chez Heidi, la DJ qui le découvre…

05:51	heure lever soleil
17:51	heure coucher soleil
06:12	heure lever lune
18:21	heure coucher lune

Mardi 27

Personnalité du jour :
HieroSolis, magicien, traducteur et auteur d'ouvrages sur l'occultisme, France

05:52	heure lever soleil
17:49	heure coucher soleil
07:23	heure lever lune
18:40	heure coucher lune

Mercredi 28

Ingrédient du jour :
Gingembre

05:54	heure lever soleil
17:47	heure coucher soleil
08:37	heure lever lune
19:03	heure coucher lune

Jeudi 29

Découverte du jour :
Couches atmosphériques, Léon Teisserenc de Bort et Richard Assmann, 1902

05:55	heure lever soleil
17:45	heure coucher soleil
09:53	heure lever lune
19:30	heure coucher lune

Vendredi 30

Calendrier des arbres :
Gort – Lierre, 1er jour

05:56	heure lever soleil
17:43	heure coucher soleil
11:10	heure lever lune
20:04	heure coucher lune

« La nature fait les choses sans se presser, et pourtant tout est accompli. »

Lao-Tseu

Vue d'ensemble du trimestre

Après trois mois, c'est le bon moment pour vous faire une tisane et regarder ce que vous avez fait ou que vous pouvez reporter au mois suivant. Aviez-vous de petits objectifs qui ont finalement grandis au point d'exploser le compteur de productivité ? Ou alors, avez-vous commencé le trimestre le torse gonflé de motivation sans avoir anticipé les aléas de la vie ? Voici venu le temps de votre introspection : les points positifs, les points à améliorer, les heures où vous avez le plus pratiqué ou les périodes où vous n'aviez pas d'énergie du tout.

LE POSITIF

L'AMÉLIORABLE

AUTRE

Que pratique-t-on ce trimestre ?

Ici, je vous propose de vous concentrer sur deux domaines magiques pour les trois prochains mois, quitte à rajouter des tâches une fois les premières terminées. Chaque colonne ci-dessous est destinée à accueillir l'un de vos projets concernant votre bien-être, votre spiritualité ou votre pratique magique !

J'ai envie de pratiquer...

....

....

Matériel nécessaire	Matériel nécessaire
☐	☐
☐	☐
☐	☐
☐	☐
☐	☐
☐	☐
☐	☐
☐	☐
☐	☐

Notes

ACHATS ET BRICOLAGES DU MOIS

Octobre

L	M	M	J	V	S	D
					1	2
3	4	5	6	7	8	9
10	11	12	13	14	15	16
17	18	19	20	21	22	23
24	25	26	27	28	29	30
31						

PHASES LUNAIRES

- 3 • premier quart
- 9 • pleine lune
- 17 • dernier quart
- 25 • nouvelle lune

AFFIRMATION OU CITATION DU MOIS

IMPORTANT

CUISINER DE SAISON

ail • aubergine • betterave • blette • brocoli • carotte • chou • chou de Bruxelles • chou-fleur • concombre • courge • courgette • céleri • endive • fenouil • frisée • haricot vert • laitue • maïs • navet • oignon • panais • poireau • pomme de terre • potiron • radis • rutabaga • salsifi • topinambour • épinard

chataîgne • citron • coing • figue • framboise • myrtille • noisette • noix • poire • pomme • raisin • tomate

maïs • riz • soja • sorgho

Octobre

Lundi	Mardi	Mercredi
3 premier quartier	4	5
10	11	12
17 dernier quartier	18	19
24	25 nouvelle lune	26
31		

Jeudi	Vendredi	Samedi	Dimanche
		1	2
6	7	8	9 pleine lune
13	14	15	16
20	21	22	23
27	28	29	30

Traqueur d'humeur du mois

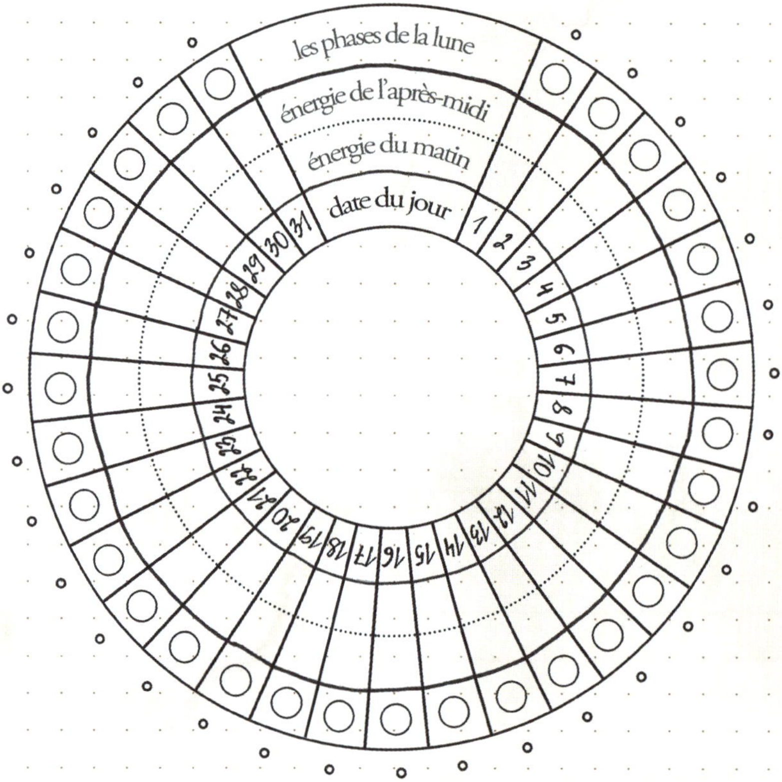

Je suis d'humeur…

- ☐ positive
- ☐ neutre
- ☐ négative
- ☐ créative
- ☐ spirituelle
- ☐ angoissée
- ☐
- ☐
- ☐

Tirage du mois

Voici le tirage général du mois. Il est possible de le faire avec un oracle ou un tarot, cela n'a pas d'importance. Si des lames « sautent » du jeu pendant que vous les battez, mettez-les de côté et gardez-les pour les interpréter à part.

DATE DE L'ÉTUDE

........./........./.........

ORACLE OU TAROT UTILISÉ

....

....

PHASE DE LA LUNE

○ ....

☐ Tirage avec les lames à l'envers

Ce qui m'attend ce mois-ci

Ce que je dois éviter

Ce sur quoi je dois me concentrer

MOTS-CLÉS

....

....

....

....

ANALYSE DU TIRAGE

.......arcanes majeurs ....arcanes mineurs

.......lames à l'endroit ....lames à l'envers

☐ Deniers ☐ Épées

☐ Bâtons ☐ Coupes

INTERPRÉTATION DU TIRAGE

RÉSUMÉ

La prière chez les sorcières et païens

Je n'ai pas été élevée dans la foi chrétienne, mais j'ai toujours admiré les prières. Il y a tellement de beauté dans cet aspect de la foi. John Beckett écrivait : « La prière est notre manière d'envoyer un message aux dieux, la méditation est notre facon d'écouter leur réponse. » Il y a quelque chose de paisible dans la prière, de soigné et ritualisé qui m'attire. Peut-être justement parce que je n'ai jamais été obligée d'être agenouillée devant mon lit tous les soirs !

Dans les églises, on peut trouver des petites fiches sur lesquelles sont imprimées des prières, des artistes réalisent parfois de très jolies cartes de prières pour différentes occasions. Aujourd'hui les mantras sont plus attirants pour beaucoup de pratiquants, moins chargés de cet héritage chrétien. Pourtant, j'ai envie de vous inviter à écrire des prières pour différents moments de votre vie. Parfois, lorsque l'on est épuisé ou perdu, avoir une prière est un premier pas qui peut réchauffer le cœur le plus troublé.

Le film *War Room : les pouvoirs de la prière* m'a donné beaucoup d'idées concernant ma pratique. J'ai adoré l'idée d'un placard dans lequel créer un espace où l'on rassemble ses forces et ses armes quand la vie devient difficile. Les armes de cette pièce sont faites de prières, de réflexions et d'espoirs.

Il est possible de s'adresser aux dieux, mais vous pouvez très bien envoyer vos prières à la source, Gaïa ou une personne décédée. Soyez libre dans la forme et le message, mais je vous conseille de prendre des notes, vous serez heureux·se de les retrouver plus tard.

♐ Samedi 1er

Œuvre du jour :
The Three Witches from Shakespeare's Macbeth, Danier Gardner, 1775

05:57	heure lever soleil
17:41	heure coucher soleil
12:27	heure lever lune
20:48	heure coucher lune

♑ Dimanche 2

Personnalité du jour :
Sirona Knight, auteure et chercheuse en sorcellerie et métaphysique, États-Unis

05:59	heure lever soleil
17:39	heure coucher soleil
13:37	heure lever lune
21:45	heure coucher lune

Lundi 3

PREMIER QUARTIER

Divinité du jour :
Bacchus, dieu du Vin et de la Vigne

06:00	heure lever soleil
17:37	heure coucher soleil
14:36	heure lever lune
22:54	heure coucher lune

Mardi 4

Outil du jour :
Athamé

06:01	heure lever soleil
17:35	heure coucher soleil
15:22	heure lever lune
--:--	heure coucher lune

Mercredi 5

Outil du jour :
Cloche

06:02	heure lever soleil
17:34	heure coucher soleil
15:58	heure lever lune
00:10	heure coucher lune

Jeudi 6

Végétal du jour :
Pissenlit

06:04	heure lever soleil
17:32	heure coucher soleil
16:27	heure lever lune
01:30	heure coucher lune

Vendredi 7

Fait historique du jour :
Diffusion du premier épisode de *Charmed* en 1996

06:05	heure lever soleil
17:30	heure coucher soleil
16:51	heure lever lune
02:49	heure coucher lune

Samedi 8

06:06	heure lever soleil
17:28	heure coucher soleil
17:12	heure lever lune
04:06	heure coucher lune

Dimanche 9

PLEINE LUNE

Série du jour :
The Secret Circle, une jeune femme réalise qu'elle fait partie d'une lignée de sorcière et d'un mystérieux cercle

06:07	heure lever soleil
17:26	heure coucher soleil
17:31	heure lever lune
05:21	heure coucher lune

Créer ses propres sortilèges

Une fois que l'on sait quel est l'objet de notre sortilège, on se retrouve souvent un peu perdu. Que faire de cette intention ? J'ai toujours été assez aventureuse lorsqu'il s'agit de créer mes sortilèges étant une chaote (pratiquante de la chaos magick) et j'aime la simplicité dans ma pratique, que voulez-vous, je vieillis. Pas besoin d'orchestre en fond, mais vous pouvez aussi vous créer des playlists d'intention par exemple. Réfléchissez aux sens qui sont les plus sensibles chez vous, cela peut vous aider. Je ne peux que vous conseiller d'acquérir *Le Grand Livre des correspondances* de Sandra Kynes, mais en attendant voici quelques pistes.

TROUVER LE LIEU OU L'ORIENTATION

J'ai tenté de vous trouver des idées utiles dans la plupart des cas, mais en fonction de votre logique cela peut varier, faites-vous confiance.

- Si vous voulez attirer quelque chose, enterrez-le sous le pas de la porte d'entrée.
- Si vous voulez que l'objet de votre sortilège s'éloigne, jetez-le dans les toilettes ou une rivière. Attention à ce que vous mettez pour ne pas boucher ou polluer !
- Si c'est un travail magique de longue haleine, intégrez-le à votre quotidien. Sous la douche, pendant le repas, au moment du lever ou coucher, prenez quelque chose de pratique sinon vous risquez de ne pas tenir sur la longueur.
- Si vous voulez diffuser votre sujet tout au long de la journée, cachez-le dans vos vêtements ou utilisez un bijou lors du sortilège.
- Si vous voulez que son influence commence ou se renforce, dirigez-vous vers l'est où le soleil se lève.
- Si vous voulez que son influence cesse ou s'affaiblisse, tournez-vous vers l'ouest où le soleil se couche.
- Si vous voulez travailler sur une intention extérieure à vous, sur vos relations avec les autres ou des changements visibles par les autres, jetez votre sort vers midi.
- Si vous voulez faire un travail intérieur en profondeur, lié aux émotions ou au passé, travaillez de nuit.

SE METTRE EN ACTION

Il est souvent difficile de savoir quoi faire lorsque l'on rencontre une situation en sorcellerie. Voici quelques idées. Pensez à bien en prendre note si vous enterrez quelque chose quelque part, vous pourriez avoir envie de revenir sur votre décision et défaire ce qui a été fait. Si quelqu'un utilise ces techniques sur vous, il vous faudra trouver où c'est enterré pour vous libérer.

- **Inviter quelque chose chez soi :** Cela peut être une intention (la joie, le bonheur) ou une personne (faire que les membres de cette famille rentrent toujours en pleine santé). Vous pouvez créer un sigil, une poudre ou une fiole à mettre en terre. Plantez-le près de la porte d'entrée/des marches, enterrez-le près d'une fenêtre ou placez-le sur un rebord de fenêtre si vous êtes en appartement.

• **Faire table rase du passé pour commencer un nouveau chapitre :** écrivez ce que vous souhaitez quitter et enterrez votre lettre dans un bol de sel, brûlez un bâton de fumigation (j'aime beaucoup romarin-menthe !) en le faisant tourner dans le sens inverse des aiguilles d'une montre autour du bol. Brûlez la lettre et mélangez les cendres avec un peu de terre (sans le sel) avant de planter un pied de romarin par-dessus.

• **Faire un vœu :** nous l'avons tous fait mais n'y pensons jamais : souffler une bougie ! On en trouve aujourd'hui de toutes taille et de toutes les couleurs facilement. Cuisinez un cupcake en rapport avec votre intention, plantez votre bougie et c'est parti !

• **Établir une communication (avec un esprit ou une divinité)** : oindre une chandelle, poser à côté des offrandes et placer le tout à côté d'une fenêtre entrouverte.

• **Ligoter quelqu'un pour l'empêcher d'agir** : envelopper sa photo ou une poupée à son effigie dans du fil noir, sceller avec de la cire ou dans un bocal et le cacher dans l'obscurité. Soyez prévenant, on peut se tromper concernant les gens et leurs intentions, ne faites pas quelque chose que vous pourriez regretter.

LE POUVOIR DES MOTS

J'ai une passion pour les langues étrangères, ainsi que pour la poésie et les mots qui se retrouvent dans ma pratique. Je mélange souvent des mots pour créer des incantations ou des mots d'activation. Dans un premier temps, je choisis des mots qui me semblent importants concernant mon intention, puis je vais chercher dans des langues qui évoquent pour moi ces mots. Ensuite, je les mélange pour obtenir des mots uniques.

• **Stimuler la créativité :**
sköpun : « créativité » en islandais
alegría : « joie » en espagnol
esprimere : « exprimer » en italien
Résultat : Alegoprimesko

• **Cultiver la compassion :**
sawubona : « je te vois » en zulu
tim : « cœur » en vietnamien
tolerans : « tolérance » en suédois
Résultat : Timsawu Tolebona

• **Avoir la paix avec les enfants :**
« Si vous continuez, on mange des choux de Bruxelles toute la semaine » sera probablement plus efficace que n'importe quel sortilège.

semaine du 10 au 16 octobre

Lundi 10

Pierre du jour :
Iolite

06:09 heure lever soleil
17:24 heure coucher soleil
17:52 heure lever lune
06:35 heure coucher lune

Mardi 11

Œuvre du jour :
La Sorcière, Albrecht Dürer, 1500

06:10 heure lever soleil
17:23 heure coucher soleil
18:13 heure lever lune
07:47 heure coucher lune

Mercredi 12

Personnalité du jour :
Aleister Crowley, écrivain, occultiste tarologue et astrologue britannique

06:11 heure lever soleil
17:21 heure coucher soleil
18:38 heure lever lune
08:59 heure coucher lune

Jeudi 13

06:13 heure lever soleil
17:19 heure coucher soleil
19:08 heure lever lune
10:09 heure coucher lune

Vendredi 14

Végétal du jour :
Angélique

06:14 heure lever soleil
17:17 heure coucher soleil
19:45 heure lever lune
11:16 heure coucher lune

Samedi 15

06:15 heure lever soleil
17:16 heure coucher soleil
20:29 heure lever lune
12:18 heure coucher lune

Dimanche 16

Célébration du jour :
Jour du chaudron

06:16 heure lever soleil
17:14 heure coucher soleil
21:21 heure lever lune
13:11 heure coucher lune

Fiche de correspondances

Il s'agit ici de rassembler des correspondances pour un problème ou une intention magique : soulager la tristesse, faciliter le sommeil, se souvenir de ses rêves ou stimuler sa mémoire pour un examen, les possibilités sont infinies.

SUJET D'ÉTUDE

....

ZODIAQUE

....

SYSTÈME SOLAIRE

....

PHASE LUNAIRE/SOLAIRE

....

SAISON

....

ÉLÉMENT

....

DIRECTION

....

CHIFFRE

....

JOUR DE LA SEMAINE

....

SENS

....

POLARITÉ

....

COULEURS

....

....

ARBRES ET PLANTES

....

....

PIERRES ET MINÉRAUX

....

....

INGRÉDIENTS

....

....

ANIMAUX

....

....

....

INSECTES

....

CRÉATURES MAGIQUES

....

OUTILS

....

....

SYMBOLES, MYTHES, CONTES, SOUVENIRS...

Lundi 17

DERNIER QUARTIER

Personnalité du jour :
La Voisin, tueuse en série par empoisonnement, accusée de sorcellerie, France

06:18	heure lever soleil
17:12	heure coucher soleil
22:20	heure lever lune
13:56	heure coucher lune

Mardi 18

Outil du jour :
Les runes

06:19	heure lever soleil
17:10	heure coucher soleil
23:23	heure lever lune
14:32	heure coucher lune

Mercredi 19

Découverte du jour :
Théorie quantique,
Max Born, 1925

06:20	heure lever soleil
17:09	heure coucher soleil
--:--	heure lever lune
15:01	heure coucher lune

Jeudi 20

06:22	heure lever soleil
17:07	heure coucher soleil
00:29	heure lever lune
15:26	heure coucher lune

Vendredi 21

Personnalité du jour :
Selena Fox, prêtresse wiccane, auteure et environnementaliste, États-Unis

06:23	heure lever soleil
17:05	heure coucher soleil
01:37	heure lever lune
15:47	heure coucher lune

Samedi 22

Animal du jour :
Renard

06:24	heure lever soleil
17:04	heure coucher soleil
02:45	heure lever lune
16:06	heure coucher lune

Dimanche 23

06:26	heure lever soleil
17:02	heure coucher soleil
03:54	heure lever lune
16:24	heure coucher lune

semaine du 24 au 30 octobre

Lundi 24

Signe du jour :
Scorpion (1er jour)
Élément Eau

06:27	heure lever soleil
17:00	heure coucher soleil
05:04	heure lever lune
16:44	heure coucher lune

Mardi 25

NOUVELLE LUNE

Végétal du jour :
Pomme

06:28	heure lever soleil
16:59	heure coucher soleil
06:18	heure lever lune
17:05	heure coucher lune

Mercredi 26

06:30	heure lever soleil
16:57	heure coucher soleil
07:35	heure lever lune
17:31	heure coucher lune

Jeudi 27

Divinité du jour :
Épona, déesse des Chevaux

06:31	heure lever soleil
16:56	heure coucher soleil
08:54	heure lever lune
18:03	heure coucher lune

Vendredi 28

Calendrier des arbres :
Peith – Tilleul, 1er jour

06:32	heure lever soleil
16:54	heure coucher soleil
10:14	heure lever lune
18:44	heure coucher lune

Samedi 29

Célébration du jour :
Fête de la Vieille Femme Cailleach

06:34	heure lever soleil
16:53	heure coucher soleil
11:28	heure lever lune
19:38	heure coucher lune

Dimanche 30

06:35	heure lever soleil
16:51	heure coucher soleil
12:32	heure lever lune
20:44	heure coucher lune

Lundi 31

Célébration du jour :
Samhain, fin de l'année Wicca

06:36 heure lever soleil
16:50 heure coucher soleil
13:22 heure lever lune
21:59 heure coucher lune

Être le personnage principal de sa vie

Pratiquer la sorcellerie et devenir une sorcière, cela signifie manifester la réalité que l'on choisit, prendre le contrôle de sa vie, challenger les normes, pratiquer pour renforcer ce qui nous semble bon (pour nous ou le monde) ou agir pour changer ce qui ne nous semble pas juste ou que l'on ne souhaite pas cultiver dans notre vie. Être sorcière, c'est accepter de se faire face, une facette à la fois.

L'un des aspects qui me surprend toujours lorsque je rencontre des gens, c'est le nombre de fois où l'on me dit : « Oh non, je ne peux pas être le centre de ma vie, cela serait égoïste, je serais une mauvaise personne. » Faire de nous le centre de notre vie signifie créer une relation respectueuse pour nous et pour les autres, mais aussi d'être d'autant plus présent pour ceux qui nous entourent. En tant que personnage principal de notre vie, toute décision que l'on prend nous appartient, indépendamment de ce que les autres pourraient en penser. Les notions d'important ou futile, de bien ou de mal, varient d'une personne à l'autre et même d'un moment à l'autre de notre vie. Avez-vous déjà posé une question dans un groupe Facebook ? Je suppose que vous avez vu tout le monde discuter dans le calme et tomber d'accord, puis prévoir un pique-nique pour chanter en se tenant la main. Aujourd'hui, en tant qu'héros·ïne de votre histoire, lorsque vous décidez d'écouter quelqu'un, d'échanger avec une personne, de prendre soin d'une personne ou de passer du temps avec une personne, c'est un choix fait avec le cœur mais aussi avec la tête. Cela vous rendra plus présent·e et plus heureux·se. Nous ne sommes pas le personnage principal de l'histoire des autres. D'ailleurs, bien souvent, nous n'existons même pas à leurs yeux...

Être le personnage principal, c'est Anne de la série *Anne with an E* qui m'a rappelé ce que cela signifiait : nous devons faire de notre vie une aventure et tout peut en être une. En ce moment par exemple, je vis une aventure dont la quête est un service à thé. J'épluche Internet à la recherche d'indices, je pose des questions dans les salons de thés, je me balade en ville à la recherche d'un signe... Le jour où je trouverai ce service à thé, j'aurais passé des mois dans la joie et l'excitation à l'idée de ce moment. N'est-ce pas tout à fait charmant ?

Novembre

L	M	M	J	V	S	D
	1	2	3	4	5	6
7	8	9	10	11	12	13
14	15	16	17	18	19	20
21	22	23	24	25	26	27
28	29	30				

PHASES LUNAIRES

1 • premier quart
8 • pleine lune
16 • dernier quart
23 • nouvelle lune
30 • premier quart

AFFIRMATION OU CITATION DU MOIS

IMPORTANT

CUISINER DE SAISON

ail • betterave • carotte • chou de Bruxelles • céleri • endive • frisée • mâche • navet • oignon • panais • poireau • pomme de terre • radis • salsifi • topinambour • épinard

citron • clémentine • kiwi • mandarine • orange • pamplemousse • poire • pomme

Novembre

Lundi	Mardi	Mercredi
	1 premier quartier	2
7	8 pleine lune	9
14	15	16 dernier quartier
21	22	23 nouvelle lune
28	29	30 premier quartier

Jeudi	Vendredi	Samedi	Dimanche
3	4	5	6
10	11	12	13
17	18	19	20
24	25	26	27

Traqueur d'humeur du mois

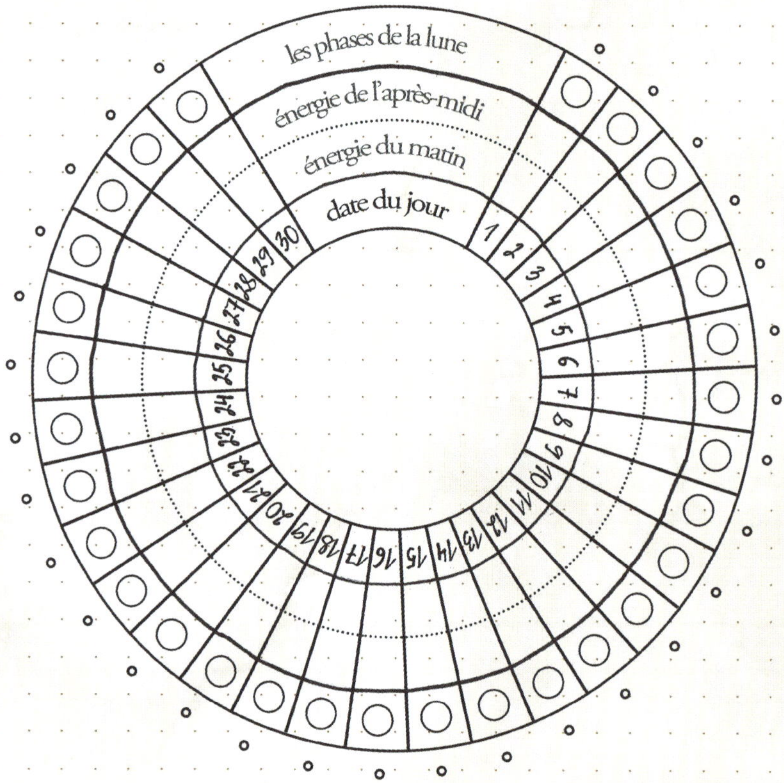

Je suis d'humeur…

- ☐ positive
- ☐ neutre
- ☐ négative
- ☐ créative
- ☐ spirituelle
- ☐ angoissée
- ☐
- ☐
- ☐

Tirage du mois

Voici le tirage général du mois. Il est possible de le faire avec un oracle ou un tarot, cela n'a pas d'importance. Si des lames « sautent » du jeu pendant que vous les battez, mettez-les de côté et gardez-les pour les interpréter à part.

DATE DE L'ÉTUDE

........./........./.........

ORACLE OU TAROT UTILISÉ

....

....

PHASE DE LA LUNE

○ ....

☐ Tirage avec les lames à l'envers

Ce qui m'attend ce mois-ci

Ce que je dois éviter

Ce sur quoi je dois me concentrer

MOTS-CLÉS

....

....

....

....

ANALYSE DU TIRAGE

.......arcanes majeurs ....arcanes mineurs

.......lames à l'endroit ....lames à l'envers

☐ Deniers ☐ Épées

☐ Bâtons ☐ Coupes

INTERPRÉTATION DU TIRAGE

RÉSUMÉ

« Le moment présent a un avantage sur tous les autres : il nous appartient. »

Charles Caleb Colton

Mardi 1er

PREMIER QUARTIER

Célébration du jour :
Rencontre avec les ancêtres

06:38 heure lever soleil
16:48 heure coucher soleil
14:01 heure lever lune
23:18 heure coucher lune

Mercredi 2

Ingrédient du jour :
Orange

06:39 heure lever soleil
16:47 heure coucher soleil
14:31 heure lever lune
--:-- heure coucher lune

Jeudi 3

Œuvre du jour :
Sibylle de Delphes, Michel-Ange, 1508-1510

06:41 heure lever soleil
16:46 heure coucher soleil
14:56 heure lever lune
00:36 heure coucher lune

Vendredi 4

06:42 heure lever soleil
16:44 heure coucher soleil
15:17 heure lever lune
01:52 heure coucher lune

Samedi 5

Personnalité du jour :
Hagel, sorcière moderne, auteure de *La Médiumnité* et de *L'Herbier des sorcières*, France

06:43 heure lever soleil
16:43 heure coucher soleil
15:36 heure lever lune
03:06 heure coucher lune

Dimanche 6

Film du jour :
Le Masque du démon, film en noir et blanc où une sorcière revient à la vie et réclame vengeance

06:45 heure lever soleil
16:42 heure coucher soleil
15:55 heure lever lune
04:18 heure coucher lune

Lundi 7

Célébration du jour :
Nuit d'Hécate

06:46	heure lever soleil
16:40	heure coucher soleil
16:16	heure lever lune
05:29	heure coucher lune

Mardi 8

PLEINE LUNE

Œuvre du jour :
Départ pour le Sabbat,
Albert Joseph Pénot, 1910

06:47	heure lever soleil
16:39	heure coucher soleil
16:39	heure lever lune
06:41	heure coucher lune

Mercredi 9

Pierre du jour :
Sardonyx

06:49	heure lever soleil
16:38	heure coucher soleil
17:06	heure lever lune
07:52	heure coucher lune

Jeudi 10

06:50	heure lever soleil
16:37	heure coucher soleil
17:40	heure lever lune
09:01	heure coucher lune

Vendredi 11

Célébration du jour :
Jour des Héros de Valhalla

06:52	heure lever soleil
16:35	heure coucher soleil
18:21	heure lever lune
10:05	heure coucher lune

Samedi 12

Outil du jour :
Emoji Spell

06:53	heure lever soleil
16:34	heure coucher soleil
19:10	heure lever lune
11:03	heure coucher lune

Dimanche 13

06:54	heure lever soleil
16:33	heure coucher soleil
20:07	heure lever lune
11:51	heure coucher lune

Même les hobbits partent à l'aventure

Nous avons bâti ensemble votre maison émotionnelle, on en a fait un bel endroit dans lequel on a envie d'être et qui nourrit la personne que vous êtes en train de devenir. Lorsque l'on change sa maison émotionnelle, il nous vient très souvent une nouvelle envie : celle de réécrire notre histoire. La zone de connu, vous savez, celle qui n'est pas forcément celle dans laquelle nous sommes le plus épanouis mais dans laquelle nous sommes habitués à vivre. L'épanouissement n'est pas la promesse d'un bonheur constant, baigné de lumière avec des petits oiseaux qui viennent vous habiller le matin, mais au moins c'est une zone où même dans les moments qui, admettons-le, craignent un maximum, nous trouvons de quoi sourire et relever la tête. La citation de Charles Caleb Colton n'ouvre pas ce mois par hasard : nous allons creuser le passé, envisager l'avenir et écrire le présent.

(RE)TRACER SON HISTOIRE

J'ai une affection non dissimulée pour l'univers de Tolkien et ce n'est clairement pas sur ce sujet qu'elle va se faire discrète. L'un des aspects qui me fascine le plus, ce sont les cartes. Pouvoir tracer du bout du doigt le périple fait par les héros, visualiser les montagnes, rêver de certaines contrées et me jurer de ne jamais en visiter d'autres.

C'est probablement le jeu de rôle qui a fait naître l'idée que je vais vous proposer ici : créer la carte de votre vie. Vous pouvez tout à fait créer une île principale et des îlots, des continents, des archipels… N'ayez aucune limite ! Une des techniques consiste à prendre du riz, des haricots et autres légumineuses de taille petite à moyenne et de les déposer sur une feuille (si vous voulez quelque chose de complexe et détaillé, je vous suggère un format A3, mais un format A4 convient très bien pour commencer) avant d'en faire les contours. Ensuite vient la partie intéressante : établissez un point de départ et nous allons partir à l'aventure.

Je vous invite à aller doucement dans certaines périodes qui peuvent avoir été difficiles. Allez-y non pas comme une personne qui est à l'intérieur, mais comme un explorateur qui observe de l'extérieur. Ces régions ne sont plus dans votre vie aujourd'hui, vous ne faites que regarder à travers la pellicule.

HIC SUNT DRACONES

J'aime me rappeler cette phrase (en latin, littéralement, « Ici sont des dragons ») apparaissant en cartographie médiévale et utilisée pour désigner des territoires encore inconnus ou dangereux, imitant en cela une pratique courante consistant à mettre serpents de mer et autres créatures mythologiques dans les zones vierges d'une carte. J'imagine toujours sur mes cartes des mers et océans qui sont mes ombres, ces zones que je ne connais pas et qui sont le royaume de mon inconscient. Parfois, je médite sur mes cartes et je sens que je dois explorer une de ces zones, alors je sors mes cartes pour poser des questions, je vais chercher des réponses. La pêche n'est pas toujours agréable, mais elle réserve parfois de grands trésors cachés au fond des mers.

CRÉER SA LÉGENDE

Commencez très simplement, sinon vous allez finir aussi névrosé·e que la personne en train d'écrire ce livre. Concevez votre carte avec différents éléments que l'on pourrait retrouver sur n'importe quelle carte, mais associez-y des épisodes de votre vie ou des thèmes. Voici un système possible :

Montagnes : Importante élévation de terrain. Elles peuvent représenter des obstacles qui vous ont semblé infranchissables, ainsi que des moments où vous aviez une vision claire de toute une situation, parce que vous aviez pris de la hauteur.

Villes et villages : Les habitations peuvent symboliser des personnes ou des moments en connexion avec d'autres humains.

Lacs et mers : Grande nappe naturelle d'eau à l'intérieur des terres (si c'est une mer, l'eau est salée). L'eau est un élément associé aux émotions, ce sont donc dans mes cartes des moments d'émotion vive. Les émotions inconfortables sont souvent des mers dans mes cartes, et les lacs des souvenirs plus doux.

Forêts : en général je les utilise pour représenter des éléments trop douloureux pour être explorés ou alors des souvenirs trop flous.

Vous pouvez tout à fait créer d'autres légendes pour vos cartes : des volcans, des cascades, des chemins, des déserts de sable ou de glace, des oasis, des temples, des plaines…

CHOISIR UNE DESTINATION

Et maintenant que vous êtes arrivé à l'instant présent dans votre carte, où allez-vous ? C'est à vous de décider ! Vous pouvez installer des destinations d'objectifs afin de travailler vos visualisations, créer une carte qui représente chaque année de votre vie ou continuer celle-ci jusqu'à ce que vos aventures vous emmènent jusqu'à un autre continent.

Lundi 14

Célébration du jour :
Fête des dieux de la musique, jour des bardes et musiciens

06:56 heure lever soleil
16:32 heure coucher soleil
21:09 heure lever lune
12:30 heure coucher lune

Mardi 15

06:57 heure lever soleil
16:31 heure coucher soleil
22:14 heure lever lune
13:02 heure coucher lune

Mercredi 16

DERNIER QUARTIER

Personnalité du jour :
Jennifer Joseph, détentrice du compte instagram Natural Magics, tarologue, États-Unis

06:58 heure lever soleil
16:30 heure coucher soleil
23:19 heure lever lune
13:28 heure coucher lune

Jeudi 17

Œuvre du jour :
The Witches' Sabbat, Frans Francken The Younger, 1607

07:00 heure lever soleil
16:29 heure coucher soleil
--:-- heure lever lune
13:50 heure coucher lune

Vendredi 18

07:01 heure lever soleil
16:28 heure coucher soleil
00:26 heure lever lune
14:09 heure coucher lune

Samedi 19

Pierre du jour :
Pierre de soleil

07:02 heure lever soleil
16:27 heure coucher soleil
01:33 heure lever lune
14:27 heure coucher lune

Dimanche 20

Divinité du jour :
Sedna, déesse Inuit qui veille à l'équilibre entre pêche et vie marine

07:04 heure lever soleil
16:26 heure coucher soleil
02:42 heure lever lune
14:46 heure coucher lune

Lundi 21

Série du jour :
American Horror Story – Coven, une série traumatisante sur bien des points, âmes sensibles s'abstenir !

07:05 heure lever soleil
16:26 heure coucher soleil
03:53 heure lever lune
15:06 heure coucher lune

Mardi 22

Personnalité du jour :
Hyena, tarologue, médium et créatrice du Soul Shadow Tarot et de la chaîne YouTube du même nom, Grèce

07:06 heure lever soleil
16:25 heure coucher soleil
05:09 heure lever lune
15:29 heure coucher lune

Mercredi 23

NOUVELLE LUNE

Signe du jour :
Sagittaire (1er jour)
Élément Feu

07:08 heure lever soleil
16:24 heure coucher soleil
06:28 heure lever lune
15:59 heure coucher lune

Jeudi 24

Outil du jour :
Danse

07:09 heure lever soleil
16:23 heure coucher soleil
07:50 heure lever lune
16:37 heure coucher lune

Vendredi 25

Calendrier des arbres :
Ruis – Sureau, 1er jour

07:10 heure lever soleil
16:23 heure coucher soleil
09:10 heure lever lune
17:27 heure coucher lune

Samedi 26

Type de magie du jour :
Magie chrétienne, l'église condamne les croyances dont Dieu est exclu, ici il est accompagné de Marie et de Jésus

07:11 heure lever soleil
16:22 heure coucher soleil
10:20 heure lever lune
18:30 heure coucher lune

Dimanche 27

Ingrédient du jour :
Grenade

07:13 heure lever soleil
16:22 heure coucher soleil
11:18 heure lever lune
19:45 heure coucher lune

Lundi 28

Outil du jour :
Cascarilla

07:14 heure lever soleil
16:21 heure coucher soleil
12:02 heure lever lune
21:05 heure coucher lune

Mardi 29

Animal du jour :
Narval

07:15 heure lever soleil
16:20 heure coucher soleil
12:35 heure lever lune
22:25 heure coucher lune

Mercredi 30

PREMIER QUARTIER

Célébration du jour :
Hecate Trivia, festival dédié à Hécate, Rome

07:16 heure lever soleil
16:20 heure coucher soleil
13:02 heure lever lune
23:43 heure coucher lune

Inviter la magie au quotidien

Voici quelques astuces faciles à mettre en place au quotidien pour un mode de vie païen !

- Prendre un verre d'eau fraîche et aller voir le lever du soleil à la fenêtre en remerciant le ciel de nous accorder une journée de plus.
- Une playlist pour danser en se lavant les dents le matin, pour célébrer cette nouvelle journée qui commence en se connectant à son corps.
- Aller promener le chien (ou se promener soi !) en regardant toutes les plantes que l'on rencontre. Laquelle bourgeonne ? Laquelle somnole ? Laquelle perd ses feuilles ? Dans la nature ou entre deux pavés, chacune mérite notre attention.
- Aller au marché chercher des légumes et fruits de saison à manger pour soi, profiter des légumes et fruits abimés à petit prix pour faire des plats en grande quantité pour ceux qui n'ont pas de quoi se remplir le ventre.
- Lire la biographie d'une personnalité dont les causes et engagements sont mis en lumière actuellement, pour comprendre les préoccupations d'aujourd'hui et l'héritage qui nous est parvenu.
- Déposer des fleurs chez sa grand-mère juste pour le plaisir de lui rendre visite et entretenir le lien entre les générations.

Décembre

L	M	M	J	V	S	D
			1	2	3	4
5	6	7	8	9	10	11
12	13	14	15	16	17	18
19	20	21	22	23	24	25
26	27	28	29	30	31	

PHASES LUNAIRES

8 • pleine lune
16 • dernier quart
23 • nouvelle lune
30 • premier quart

AFFIRMATION OU CITATION DU MOIS

IMPORTANT

CUISINER DE SAISON

ail • betterave • carotte • chou de Bruxelles • céleri • endive • frisée • mâche • navet • oignon • panais • poireau • pomme de terre • radis • salsifi • topinambour • épinard

citron • clémentine • kiwi • mandarine • orange • pamplemousse • poire • pomme

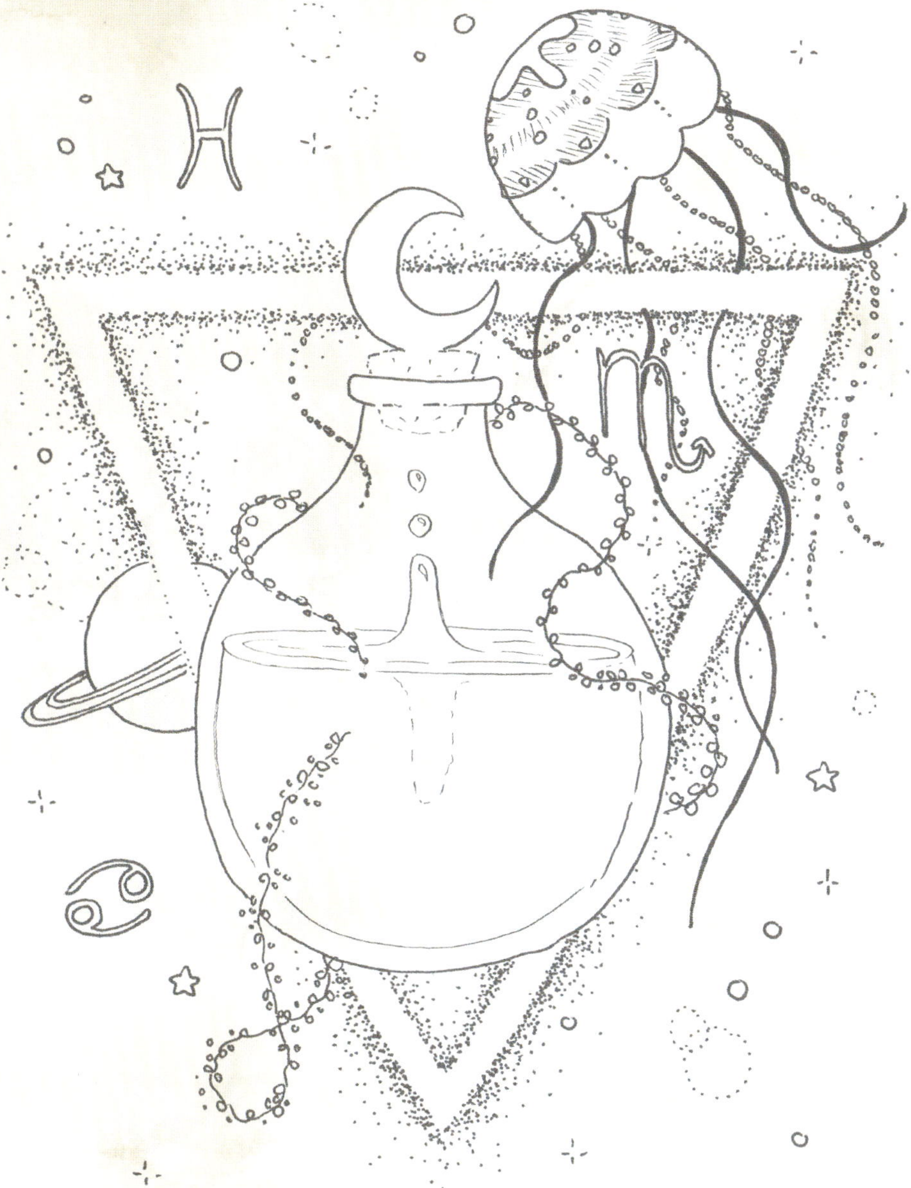

Décembre

Lundi	Mardi	Mercredi
5	6	7
12	13	14
19	20	21
26	27	28

Jeudi	Vendredi	Samedi	Dimanche
1	2	3	4
8 pleine lune	9	10	11
15	16 dernier quartier	17	18
22	23 nouvelle lune	24	25
29	30 premier quartier	31	

Traqueur d'humeur du mois

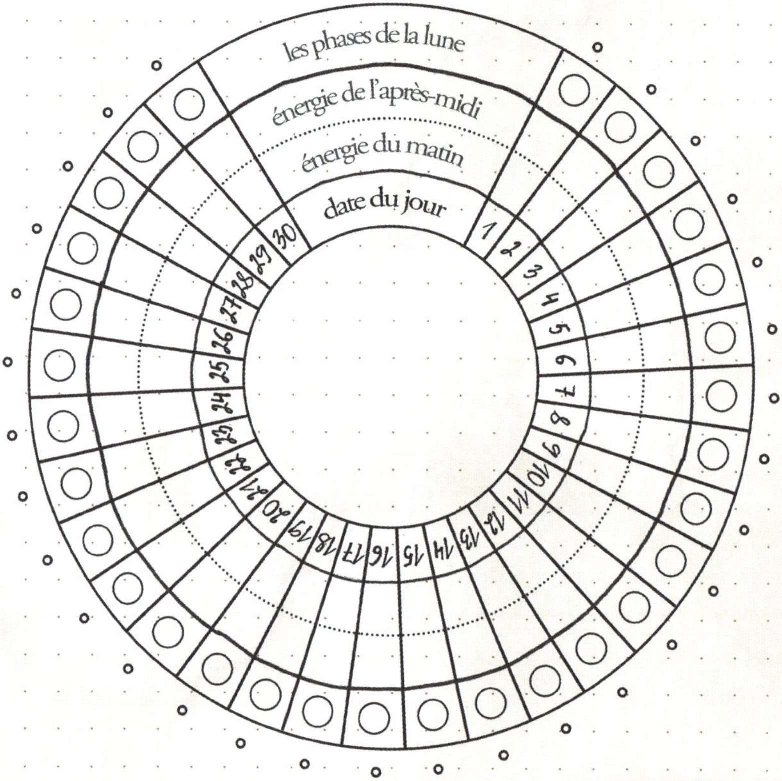

Je suis d'humeur...

- [ ] positive
- [ ] neutre
- [ ] négative
- [ ] créative
- [ ] spirituelle
- [ ] angoissée
- [ ]
- [ ]
- [ ]

Tirage du mois

Voici le tirage général du mois. Il est possible de le faire avec un oracle ou un tarot, cela n'a pas d'importance. Si des lames « sautent » du jeu pendant que vous les battez, mettez-les de côté et gardez-les pour les interpréter à part.

DATE DE L'ÉTUDE

........./........./.........

ORACLE OU TAROT UTILISÉ

....

....

PHASE DE LA LUNE

○ ....

☐ Tirage avec les lames à l'envers

Ce qui m'attend ce mois-ci

Ce que je dois éviter

Ce sur quoi je dois me concentrer

MOTS-CLÉS

....

....

....

....

ANALYSE DU TIRAGE

.......arcanes majeurs ....arcanes mineurs

.......lames à l'endroit ....lames à l'envers

☐ Deniers ☐ Épées

☐ Bâtons ☐ Coupes

INTERPRÉTATION DU TIRAGE

RÉSUMÉ

La lecture des contes

S'il y a bien quelque chose que je n'ai pas arrêté d'aimer, ce sont les soirées lecture de contes, seule ou en famille. Comme le dit Merida dans le film d'animation *Rebelle*, « Les légendes sont des leçons, en elles résonnent la vérité. » Enfant, nos référenciels émotionnels ne comprennent pas toutes les subtilités de certains contes ou messages, mais ils laissent en nous des concepts et leçons de vie. « La morale de l'histoire c'est… ». J'aime ces souvenirs de soirées, blottie dans les couvertures, les yeux grands ouverts lors de la lecture. Pierre Lapin, Andersen, Grimm et autres lectures, j'en suis persuadée, font de nous de meilleurs humains. Pourquoi ne pas offrir des livres pour Yule/Noël ? Une tradition suédoise appelée *Jólabókaflóð* (peut être traduit par « flot de livres ») consiste à offrir à chaque personne un ouvrage et de terminer la soirée chacun plongé dans un livre. Je vous inviterais aussi à noter dans le livre pourquoi vous l'avez choisi pour cette personne et à préciser la date. Je suis tombée sur un vieux livre dans ma bibliothèque, et lire « pour ma petite fille, Noël 1996 » a été aussi bon que la relecture de l'ouvrage !

♓ Jeudi 1er

Ingrédient du jour :
Cannelle

07:17 heure lever soleil
16:20 heure coucher soleil
13:23 heure lever lune
--:-- heure coucher lune

♈ Vendredi 2

Découverte du jour :
Effet Doppler,
Christian Doppler, 1848

07:18 heure lever soleil
16:19 heure coucher soleil
13:43 heure lever lune
00:57 heure coucher lune

♈ Samedi 3

Encens du jour :
Myrrhe

07:20 heure lever soleil
16:19 heure coucher soleil
14:02 heure lever lune
02:08 heure coucher lune

♉ Dimanche 4

07:21 heure lever soleil
16:19 heure coucher soleil
14:21 heure lever lune
03:19 heure coucher lune

Lundi 5

Célébration du jour :
Krampusnatch, fête de Krampus, Allemagne

07:22 heure lever soleil
16:18 heure coucher soleil
14:43 heure lever lune
04:29 heure coucher lune

Mardi 6

07:23 heure lever soleil
16:18 heure coucher soleil
15:08 heure lever lune
05:39 heure coucher lune

Mercredi 7

Couleur du jour :
Violet

07:24 heure lever soleil
16:18 heure coucher soleil
15:39 heure lever lune
06:48 heure coucher lune

Jeudi 8

PLEINE LUNE

Personnalité du jour :
Molly Roberts, Art witch prolifique et chanteuse, États-Unis

07:25 heure lever soleil
16:18 heure coucher soleil
16:17 heure lever lune
07:54 heure coucher lune

Vendredi 9

Végétal du jour :
Coriandre

07:26 heure lever soleil
16:18 heure coucher soleil
17:03 heure lever lune
08:54 heure coucher lune

Samedi 10

Découverte du jour :
Tableau périodique, Dmitri Mendeleïev, 1880

07:27 heure lever soleil
16:18 heure coucher soleil
17:57 heure lever lune
09:46 heure coucher lune

Dimanche 11

Ingrédient du jour :
Œuf

07:28 heure lever soleil
16:18 heure coucher soleil
18:57 heure lever lune
10:28 heure coucher lune

Spiritualité, prospérité, argent

Décembre est souvent une période difficile : on se sent vidé. Le manque de lumière n'est pas compensé par la jungle de guirlandes lumineuses que vos voisins ont créée autour de leur maison, on a envie d'être généreux avec ceux qu'on aime, manger suffisament pour hiberner tout l'hiver. Si vous êtes comme moi, vous terminez le mois de décembre le cœur rempli de joie mais aussi de craintes : combien de temps vais-je devoir manger des coquillettes pour compenser mes folies ? Fin 2020, j'ai commencé à changer et au moment où j'écris ces mots, j'ai l'impression d'avoir le plus beau cadeau à vous offrir pour Yule 2022 et qui vous accompagnera pour 2023 : des clés vers la prospérité.

PROSPÉRITÉ ET ABONDANCE

Le livre *Prospérité de la Sorcière* m'a coupé le souffle avec un fait simple : la prospérité et l'abondance sont deux choses différentes. Faire des chèques d'abondance quand on n'est pas précis, c'est comme dire « Je voudrais beaucoup ». On veut recevoir beaucoup, mais de quoi ? De factures ? D'imprévus ? D'argent ? De colère ? L'abondance signifie qu'il y a beaucoup de quelque chose, sans préciser de quoi il s'agit.

La prospérité, c'est une bonne santé et une situation favorable. Une situation favorable est un ensemble de paramètres personnels, c'est à vous de les définir. Pour moi, la prospérité, c'est avoir de l'argent de côté si besoin, mais aussi pour me faire plaisir ponctuellement, faire un travail que j'aime et le faire correctement, passer du temps avec les gens que j'aime, offrir des fleurs à ma mère et du chocolat à mon père (en cachette).

L'ARGENT

Il y a une relation amour/haine avec l'argent. Certains aiment dire qu'il est une énergie, mais je ne suis pas d'accord. C'est un outil. L'exemple le plus souvent donné est celui du marteau : on peut s'en servir pour construire ou pour tuer quelqu'un. L'argent est un outil et il ne tient qu'à nous de choisir la façon dont nous souhaitons l'utiliser.

Comprendre quel archétype nous sommes concernant l'argent est d'une aide précieuse. Beaucoup de personnes en spiritualité pensent qu'une personne qui gagne bien sa vie ou ne s'épuise pas au travail n'est pas sincère dans sa démarche. Encore pire si on travaille dans la spiritualité ! Pourtant l'argent n'est ni bon ni mal, c'est avant tout un moyen neutre de troquer. Si vous avez du tissu à troquer avec quelqu'un qui vend du pain mais que le boulanger ne veut pas de tissu, vous n'auriez pas de pain.

PENSÉES LIMITANTES

Nous sommes bien plus infestés de pensées limitantes concernant l'argent que nous ne l'imaginons. De vrais chiens plein de puces ! J'ai travaillé les miennes grâce au programme *Money Tarot* de Papote et Lunaison. Par exemple, j'étais persuadée que l'argent était un cadeau empoisonné parce que c'est compliqué à gérer et que cela peut créer des tensions entre les gens. Alors je me suis empêchée d'en gagner pendant deux ans.

Une fois cette pensée débloquée, j'ai engagé une comptable pour être sereine sur les finances et une assistante, mes parents s'inquiètent moins pour moi, je suis plus présente avec mon compagnon et je peux même aider d'autres pratiquants à eux aussi avancer vers la prospérité. Génial !

Et vous, quelles sont vos pensées limitantes ? Il est possible de les classer en trois catégories : les pensées limitantes transmisent (par nos parents, notre entourage…), celles que l'on hérite de nos vies antérieures et celles que l'on se crée tout seul comme des grands. De quoi s'amuser sur une vie entière.

Make the money,
don't let the money make you
Change the game,
don't let the game change you
I'll forever remain faithful
All my people stay true

Macklemore & Ryan Lewis

DÉFINIR SES VALEURS

Si vous avez travaillé en profondeur sur la personne que vous êtes, vos valeurs, alors l'argent ne vous changera pas d'une manière que vous redoutez. Mon super pouvoir est de servir la communauté par mon obstination. Je suis soucieuse des autres, mais pas au point de voir sur ma tombe, le jour de ma mort, l'épitaphe « Lisbeth aura mené une longue et belle vie passée à répondre aux attentes des autres ». Je veux que le jour de ma mort, on se dise : « C'était une tête de mûle, mais elle avait un grand cœur. Elle a vécu sa vie comme elle l'entendait, fait de belles choses, s'est trompée parfois, mais elle en a toujours profité pour grandir. Elle nous a invités avec passion dans son monde. » Et après, tout le monde ira au pub et le monde continuera de tourner !

INVESTIR EN SOI, PROSPÉRER, RICOCHER SUR LES AUTRES

Prenez soin de vous, arrêtez de vous faire passer après tout le reste. Posez des limites qui vous permettront de vous respecter mais aussi de respecter les autres. Chérissez vos ressources, votre santé physique, mentale et financière. Souvenez-vous de votre nord. Vous réaliserez quelque chose d'incroyable : en vous donnant le droit de danser dans la lumière et vivre pleinement, vous allez inspirer les autres à faire pareil. Alors osez réussir, vous pourriez changer aussi la vie des autres.

semaine du 12 au 18 décembre

Lundi 12

Série du jour :
Penny Dreadful, la fascinante et torturée Miss Ives trouve des acolytes pour s'opposer à une sombre menace

07:28 heure lever soleil
16:18 heure coucher soleil
20:01 heure lever lune
11:02 heure coucher lune

Mardi 13

Célébration du jour :
Santa Lucia, jour de la fête de la Lumière, Europe de l'Est

07:29 heure lever soleil
16:18 heure coucher soleil
21:06 heure lever lune
11:30 heure coucher lune

Mercredi 14

07:30 heure lever soleil
16:18 heure coucher soleil
22:11 heure lever lune
11:53 heure coucher lune

Jeudi 15

Minéral du jour :
Okénite

07:31 heure lever soleil
16:18 heure coucher soleil
23:17 heure lever lune
12:12 heure coucher lune

Vendredi 16

DERNIER QUARTIER

07:31 heure lever soleil
16:19 heure coucher soleil
--:-- heure lever lune
12:30 heure coucher lune

Samedi 17

Célébration du jour :
Saturnales, célébration du dieu Saturne, Rome

07:32 heure lever soleil
16:19 heure coucher soleil
00:23 heure lever lune
12:48 heure coucher lune

Dimanche 18

Œuvre du jour :
Circe Invidiosa, John William Waterhouse, 1892

07:33 heure lever soleil
16:19 heure coucher soleil
01:31 heure lever lune
13:06 heure coucher lune

Lundi 19

Végétal du jour :
Cèdre

07:33 heure lever soleil
16:20 heure coucher soleil
02:43 heure lever lune
13:28 heure coucher lune

Mardi 20

Divinité du jour :
Lilith, première femme moitié démone, symbole de féminité et égale de Adam

07:34 heure lever soleil
16:20 heure coucher soleil
03:59 heure lever lune
13:53 heure coucher lune

Mercredi 21

Célébration du jour :
Yule, fête païenne du solstice hivernal

07:35 heure lever soleil
16:20 heure coucher soleil
05:19 heure lever lune
14:26 heure coucher lune

Jeudi 22

Signe du jour :
Capricorne (1er jour)
Élément Terre

07:35 heure lever soleil
16:21 heure coucher soleil
06:41 heure lever lune
15:10 heure coucher lune

Vendredi 23

NOUVELLE LUNE

Calendrier des arbres :
Idho – If, 1er jour

07:36 heure lever soleil
16:21 heure coucher soleil
07:58 heure lever lune
16:09 heure coucher lune

Samedi 24

07:36 heure lever soleil
16:22 heure coucher soleil
09:04 heure lever lune
17:21 heure coucher lune

Dimanche 25

Célébration du jour :
Début des 12 jours païens

07:36 heure lever soleil
16:23 heure coucher soleil
09:55 heure lever lune
18:43 heure coucher lune

Fiche d'inspiration

Il arrive qu'on étudie un passage d'un texte qui nous parle au point d'en tirer une inspiration. Chez moi, c'est *Conversations avec Dieu* de Neale Donald Walsch qui me permet souvent d'utiliser cette fiche, mais vous pouvez l'utiliser pour n'importe quel livre ou passage vidéo !

SUJET D'ÉTUDE, THÉMATIQUE

....

PASSAGE OU CITATION

....

....

PREMIÈRES IMPRESSIONS

....

....

....

....

OUTIL D'APPROFONDISSEMENT (MÉDITATION, PRIÈRE, TIRAGE…)

....

....

RESSENTIS ET IMPRESSIONS SUPPLÉMENTAIRES

....

....

....

....

COMMENT PUIS-JE L'APPLIQUER DANS MA VIE ?

....

....

....

....

INFORMATIONS SUPPLÉMENTAIRES, REMARQUES, NOTES

Lundi 26

Divinité du jour :
Frau Holda

07:37	heure lever soleil
16:23	heure coucher soleil
10:34	heure lever lune
20:07	heure coucher lune

Mardi 27

Film du jour :
Le Village : des enfants disparaissent dans un village de croyants, la paranoïa et la superstition grandissent…

07:37	heure lever soleil
16:24	heure coucher soleil
11:04	heure lever lune
21:28	heure coucher lune

Mercredi 28

07:37	heure lever soleil
16:25	heure coucher soleil
11:28	heure lever lune
22:46	heure coucher lune

Jeudi 29

Ingrédient du jour :
Gingembre

07:37	heure lever soleil
16:25	heure coucher soleil
11:49	heure lever lune
23:59	heure coucher lune

Vendredi 30

PREMIER QUARTIER

07:38	heure lever soleil
16:26	heure coucher soleil
12:08	heure lever lune
--:--	heure coucher lune

Samedi 31

07:38	heure lever soleil
16:27	heure coucher soleil
12:27	heure lever lune
01:10	heure coucher lune

Si même le ciel a ses coups de tonnerre, ses larmes et ses beaux jours, comment ne pourrait-il pas en être de même pour nous ? Les larmes du ciel nourrissent les plantes et les nôtres expriment, et parfois guérissent, nos blessures pour laisser place à de nouvelles aventures ensoleillées. Soyez indulgent·e avec vous-même lorsque les émotions s'invitent dans votre vie !

Vue d'ensemble du trimestre

Après trois mois, c'est le bon moment pour vous faire une tisane et regarder ce que vous avez fait ou que vous pouvez reporter au mois suivant. Aviez-vous de petits objectifs qui ont finalement grandis au point d'exploser le compteur de productivité ? Ou alors, avez-vous commencé le trimestre le torse gonflé de motivation sans avoir anticipé les aléas de la vie ? Voici venu le temps de votre introspection : les points positifs, les points à améliorer, les heures où vous avez le plus pratiqué ou les périodes où vous n'aviez pas d'énergie du tout.

LE POSITIF

L'AMÉLIORABLE

AUTRE

Espace de test

Avant de vous lancer tel un shetland fringuant, je vous conseille fortement d'utiliser cet espace pour tester vos peintures, stylos et feutres afin de voir comment réagit le papier et si cela traverse. Personnellement, je fais un petit trait ou une petite tâche et à côté, j'écris le nom du stylo/feutre utilisé. Ça me permet de les racheter facilement si je les perds par exemple, ce qui n'arrive jamais bien sûr, vu que je suis une adulte responsable et consciencieuse, pas du tout tête en l'air. *tousse*

Carnet d'adresses des sorcières

Pour ne pas oublier les adresses de nos amis, compagnons, sœurcières et autres farfadets avec qui on aime échanger. Il arrive qu'on accroche vraiment avec une personne rencontrée en rassemblement ou même avec qui on a fait un joli échange, ou tout simplement, une amitié qui a quelque chose de... magique !

Nom/prénom : ....
Pseudonyme/blog : ....
Numéro et rue : ....
....
Code postal et ville : ....
Numéro de téléphone : ....
E-mail : ....

Nom/prénom : ....
Pseudonyme/blog : ....
Numéro et rue : ....
....
Code postal et ville : ....
Numéro de téléphone : ....
E-mail : ....

Nom/prénom : ....
Pseudonyme/blog : ....
Numéro et rue : ....
....
Code postal et ville : ....
Numéro de téléphone : ....
E-mail : ....

Nom/prénom : ....
Pseudonyme/blog : ....
Numéro et rue : ....
....
Code postal et ville : ....
Numéro de téléphone : ....
E-mail : ....

Nom/prénom : ....
Pseudonyme/blog : ....
Numéro et rue : ....
....
Code postal et ville : ....
Numéro de téléphone : ....
E-mail : ....

Nom/prénom : ....
Pseudonyme/blog : ....
Numéro et rue : ....
....
Code postal et ville : ....
Numéro de téléphone : ....
E-mail : ....

Nom/prénom : ....
Pseudonyme/blog : ....
Numéro et rue : ....
....
Code postal et ville : ....
Numéro de téléphone : ....
E-mail : ....

Nom/prénom : ....
Pseudonyme/blog : ....
Numéro et rue : ....
....
Code postal et ville : ....
Numéro de téléphone : ....
E-mail : ....

Nom/prénom : ....
Pseudonyme/blog : ....
Numéro et rue : ....
....
Code postal et ville : ....
Numéro de téléphone : ....
E-mail : ....

Nom/prénom : ....
Pseudonyme/blog : ....
Numéro et rue : ....
....
Code postal et ville : ....
Numéro de téléphone : ....
E-mail : ....

Nom/prénom : ....
Pseudonyme/blog : ....
Numéro et rue : ....
....
Code postal et ville : ....
Numéro de téléphone : ....
E-mail : ....

Nom/prénom : ....
Pseudonyme/blog : ....
Numéro et rue : ....
....
Code postal et ville : ....
Numéro de téléphone : ....
E-mail : ....

Nom/prénom : ....
Pseudonyme/blog : ....
Numéro et rue : ....
....
Code postal et ville : ....
Numéro de téléphone : ....
E-mail : ....

Nom/prénom : ....
Pseudonyme/blog : ....
Numéro et rue : ....
....
Code postal et ville : ....
Numéro de téléphone : ....
E-mail : ....

Bibliographie

J'ai peut-être commencé petite avec de la divination primitive, des câlins aux arbres et des prières à la lune, mais depuis j'ai beaucoup lu, alors je vous propose quelques références qui m'ont aidée à arriver jusqu'ici.

• Beckett (John), *La Voie du paganisme*, Éditions Danaé, 2020.

• Blackwood (Opakiona), Raé (Avy) et Schneider (Anne-Laure), *Almanach des sorcières — Une année sous le signe de la magie*, Éditions Contre-dires, 2016.

• Boschiero (Julia), *Les Pierres d'épanouissement*, éd. JATB, 2018.

• Brown (Brene), *La Grâce de l'imperfection*, éd. Béliveau, 2019.

• __________, *Le Pouvoir de la vulnérabilité — La vulnérabilité est une force qui peut transformer votre vie*, éd. Guy Trédaniel, 2014.

• Couplan (François), *Le Guide de la survie douce en pleine nature*, éd. Larousse, 2015.

• Crozier (Bernard), *Cours d'astrologie 1,2,3*, Éditions du Rocher, 1991.

• Cunningham (Scott), *L'Aromathérapie Magique : Le Pouvoir des Parfums*, Éditions Danaé, 2017.

• ________________, *La Cuisine wiccane*, Éditions Danaé, 2017.

• ________________, *Encyclopédie des plantes magiques*, éd. Ada, 2009.

• ________________, *La Wicca – Guide de pratique individuelle*, éd. Ada, 2012.

• Danaan (Clea), *Dévotion à la terre vivante — 365 activités vertes pour une reconnexion à soi*, éd. AdA, 2015.

• Denis (Flora) et Nina (Marine), *Le Grand livre du DIY de sorcière*, éd. Secret d'étoiles, 2021.

• ______________________, *Mes remèdes et potions de sorcière*, éd. Secret d'étoiles, 2021.

• Soror (D.S.) et FreeMann (Spartakus), *Les Sigils, La Magie du XXIe siècle*, éd. Bussière, 2010.

• Gilbert (Elizabeth), *Comme par magie*, éd. Le Livre de Poche, 2017.

• Gillett (Roy), *Le Langage secret de l'astrologie*, éd. Hors Collection, 2012.

• Ketabi (Sahara Rose), *Ayurvéda — Le guide de référence*, éd. Guy Trédaniel, 2018.

• Kynes (Sandra), *Le Grand Livre des correspondances — Un recueil complet et documenté pour les païens et les wiccans*, éd. Alliance Magique, 2018.

• __________, *La Magie des plantes — Douze mois avec la sagesse des plantes*, Éditions Danaé (2017).

• Luna (Elle), *Choisir c'est renoncer*, éd. La Martinière, 2017.

• Miro (Shaheen) & Theresa (Reed), *Tarot for Troubled Times: Confront Your Shadow, Heal Your Self & Transform the World*, éd. Red Wheel/Weiser, 2018.

• Moura (Ann), *Sorcières vertes*, les 4 tomes, Éditions Danaé.

• Papus, *Traité méthodique de magie pratique*, éd. Dangles, 1999.

• Laarb (R.H.), *Le Livre des amulettes et des talismans*, éd. Trédaniel, 1998.

• Tous les livres consacrés aux sabbats aux Éditions Danaé.

• Frater (U.D.), *Les Sigils — Traité de magie pratique — Les clés du succès*, éd. Chronos Arenam, 2019.

• Vallée (Laure), *Eaux de pierres et élixirs minéraux*, éd. Rustica, 2019.

Crédits des illustrations

Lisbeth Nemandi

ILLUSTRATIONS RÉCURRENTES

Fond parcheminé
Séparateur de texte
Traqueur d'humeur (p. 6, 64, 92, 118, 150, 174, 200, 228, 252, 274, 302, 328, 352)
Frise florale (p. 14-15, 41, 278)
Constellations blanches (p. 12, 13, 14, 158, 368)
Constellations jaunes (p. 13, 84, 368)
Nuage d'étoiles (p. 27, 34-35, 38, 39, 62, 68, 72, 73, 84, 90, 96, 98, 122, 124, 126, 127, 138, 142, 148, 154, 172, 178, 192, 198, 216, 220, 226, 232, 233, 250, 266, 272, 290, 294, 300, 320, 326, 344, 350, 356, 366, 367)
Cristaux (p. 31, 134, 280)
Ciseaux (p. 44, 59, 87, 113, 145, 169, 195, 223, 247, 269, 297, 323, 347)
Fiole de la Terre (p. 46, 61, 89, 115)
Symboles lunaires (p. 48, pages des semaines)
Motifs pour le jardin et la lune (p. 8, pages des semaines)
Fiole de l'Air (p. 50, 147, 171, 197)
Fiole du Feu (p. 52, 225, 249, 271)
Fiole de l'Eau (p. 54, 299, 325, 349)
Bougeoir (p. 56, 142, 220, 294, 306)
Fond « cuisine de saison » (p. 60, 88, 114, 146, 170, 196, 224, 248, 270, 298, 324, 348)
Fond parchemin des mois (p. 62, 90, 116, 148, 172, 198, 226, 250, 272, 300, 326, 350)

AUTRES

Grimoire p. 7
Livre p. 12
Cercle magique p. 18
Phases lunaires p. 25
Lunes crayonnées p. 28
Personne lisant devant une bibliothèque p. 36-37
Matériel pour autel p. 39
Motifs page 43
Citrouille, lune et bocal p. 68
Cils p. 72
Mains p. 75
Serpent p. 99
Plante, réveil et livre p. 110
Maisonette p. 124
Schéma de tirage n°1, p. 126
Plan p. 127
Schéma de tirage n°2, p. 182
Cube de Métatron p. 188
Bougies p. 217, 284
Porte p. 260
Schéma de la perception de soi p. 261
Tasse et confiture p. 278
Carte mentale p. 338-339

iStock

ILLUSTRATIONS RÉCURRENTES

Frises (p. 12-13, 18-19, 29, 32-33, 72,75, 158-159, 236-237, 260, 284, 310-311, 360-361) :

feuille : SpicyTruffel

boussole : THEPALMER

nuage d'étoiles, constellation et serpent : Lisbeth Nemandi

tige de fleur : geraria

sachet et flacon : Pimpay

Plantes médicinales (p. 58-59, 86-87, 112-113, 144-145, 158, 168-169, 178-179, 188-189, 194-195, 222-223, 232-233, 246-247, 268-269, 290-291, 296-297, 322-323, 346-347) : geraria

Signes astrologiques des pages semaines : painterr

Boussole (p. 75, 182, 183, 205, 237, 260, 261, 336) : THEPALMER

Plantes (p. 80, 81) : pseudodaemon

Feuilles jaunes (p. 140, 208, 218, 236, 292, 320-321, 370) : SpicyTruffel

Légendes pour carte mentale (p. 337) : da-vooda

AUTRES

Divinité grecque (p. 24) : duncan1890

Lavande (p. 154) : Pimpay

Sachet d'herbes (p. 154) : Pimpay

Table de repas (p. 209) : pseudodaemon

Mortier (p. 236) : Pimpay

Flacon (p. 237) : Pimpay

Ouvrages du même éditeur

Herbier des sorcières

AUTEUR : HAGEL

Un herbier, c'est construire une méditation continue sur notre place dans la nature et notre rapport à celle-ci. C'est réapprendre les gestes ancestraux, les quêtes de savoir, ce que la nature nous offre. C'est refaire le chemin des sorcières des temps anciens : comprendre les plantes, apprendre à les utiliser au quotidien. N'est-ce pas là la magie véritable ? L'harmonie avec notre environnement ? Reconnectez-vous à vos sources intérieures avec les plantes.

Découvrez un livre en couleur, à la couverture épaisse et au papier spécial, dans lequel vous pourrez ajouter au fur et à mesure vos plantes séchées pour constituer un véritable herbier.

Hagel, auteure de *La Médiumnité*, est spécialisée en anthropologie, sociologie de l'ésotérisme et des spiritualités. Pratiquante de la magie, pandéiste, elle aime comprendre et explorer les différentes spiritualités païennes européennes au travers de la théorie, de la pratique et de l'écriture.

Relié 15 × 21 – Illustrations en couleur – 178 pages

Nouveau Calendrier païen

Auteurs : Glana – Claire Ducaye

Comme la plupart des gens, probablement connaissez-vous les 8 fêtes traditionnelles des philosophies païennes (ou sabbats), célébrées depuis des temps immémoriaux pour marquer la course du soleil, probablement connaissez-vous également les différents esbats, fêtes marquant les nuits de pleine lune et dédiées au culte de la Déesse. Mais avez-vous déjà entendu parler de la Nuit d'Hécate ? Probablement pas… De la Nuit de Diane, de la fête des Macres, de Frosblot, de la fête de Forseti, de la fête d'Arès, etc. ? Encore moins probable… Pourtant, ces célébrations païennes n'ont eu de cesse depuis des millénaires de venir ponctuer les divers calendriers et de donner vie aux différents cultes païens à travers le monde, en rendant grâce aux divinités des différents panthéons pour les bienfaits qu'elles pouvaient apporter aux hommes au quotidien. Au travers de cet ouvrage presque initiatique, Glana nous emmène dans une balade au rythme des saisons, dans un univers où se côtoient les mythes et les légendes, et nous fait redécouvrir avec le plus grand intérêt les diverses célébrations qui ont marqué les anciens cultes, les pratiques qui leur étaient liées ainsi que leur histoire et leurs origines. Cet ouvrage unique en son genre sera le compagnon indispensable de tout Païen qui souhaite évoluer dans sa tradition avec le respect qui est dû à celle-ci.

Broché 15 × 21 – Illustrations N&B – 256 pages